À plus ! 1

Lehrerfassung
Carnet d'activités mit CD-ROM

Französisch für Gymnasien

À plus! 1
Carnet d'activités

im Auftrag des Verlages erarbeitet von
Hans Bächle, Michèle Héloury

und der Redaktion Moderne Fremdsprachen
Catherine Jorißen, Marie-France Lavielle
Gabriela Alonso, Sophie Ortiz-Vobis (Assistenz)

Layout und Umschlaggestaltung: Regelindis Westphal
Illustrationen: Laurent Lalo

Achte auf diese Zeichen:
○ leichtere Übung
● anspruchsvollere Übung
Wenn du bei einer ● Übung Schwierigkeiten hast, mache zuerst die ○ Übung. Anschließend kannst du die ● Übung sicherlich problemlos bearbeiten.

CD-ROM

Autorin: Catherine Jorißen
Redaktionelle Mitarbeit: Carola David
Programmierung: Karsten Trautwein
Design und Design-Koordination: Christian Nusch, Marlene Böhmann
Soundstudio: MK Audio
Projektkoordination: Liane Beuster

Systemvoraussetzungen
PC: Pentium (200Mhz)
Arbeitsspeicher: 32 MB (empfohlen: 64 MB)
Betriebssystem: Win 98 SE
Bildschirmauflösung: 800 x 600
Graphikkarte 16 Bit
Soundkarte
Lautsprecher oder Kopfhörer – Mikrophon
CD-ROM Laufwerk
Keine Installation

Bildquellen: © Belfils, S. 28 (links) – Caro: © Kaiser, S. 71 (rechts) – Corbis: © Hellier, S. 60 (7) – © Cornelsen, Kleber, S. 4 (d); Krauke, S. 4 (oben links, unten rechts), S. 52; Lepetitgaland, S. 60 (8); Mouginot, S. 60 (1), S. 4 (oben rechts, f); Roques, S. 4 (e); Schulz, U1 oben; Schulze, S.60 (2) – laif: © Westrich, S. 28 (rechts) – © Ministère des Affaires Étrangères, Images de France, édition 2003, S. 60 (4, 5, 6), U1 unten – Schapowalow : © Atlantide, S. 60 (3) – Vario Press, S. 71 (links).

Nicht alle Copyrightinhaber konnten ermittelt werden; deren Urheberrechte werden hiermit vorsorglich und ausdrücklich anerkannt.

www.cornelsen.de

1. Auflage, 6. Druck 2009/06

Alle Drucke dieser Ausgabe sind inhaltlich unverändert und können im Unterricht nebeneinander verwendet werden.

© 2004 Cornelsen Verlag

Das Werk und seine Teile sind urheberrechtlich geschützt.
Jede Nutzung in anderen als den gesetzlich zugelassenen Fällen bedarf der vorherigen schriftlichen Einwilligung des Verlages.
Hinweis zu den §§ 46, 52a UrhG: Weder das Werk noch seine Teile dürfen ohne eine solche Einwilligung eingescannt und in ein Netzwerk eingestellt oder sonst öffentlich zugänglich gemacht werden.
Das gilt auch für Intranets von Schulen und sonstigen Bildungseinrichtungen.

Satz und Litho: Satzinform, Berlin

Druck: Parzeller Druck- und Mediendienstleistungen, Fulda

Schülerheft:
ISBN 978-3-464-22071-9

Lehrerfassung:
ISBN 978-3-464-22063-4

 Inhalt gedruckt auf säurefreiem Papier aus nachhaltiger Forstwirtschaft.

UNITÉ 1 — La rentrée

Approches

1 *Complète les dialogues.* Ergänze die Dialoge! (→ Approches, p. 10)

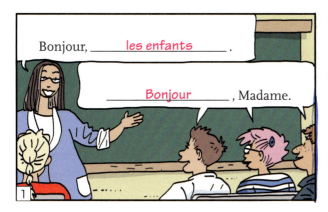

Bonjour, _les enfants_.
Bonjour, Madame.

Bonjour/Salut, Lucie, ça va? _Ça va_.

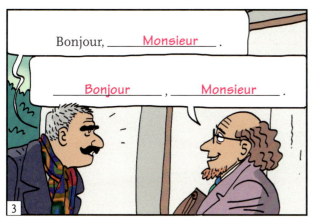

Bonjour, _Monsieur_.
Bonjour, _Monsieur_.

Bonjour, Madame.
Bonjour, _Pauline_.

2 Der Computer hat verrückt gespielt. Verbessere! *Corrige.*

```
.dihcaR, tulaS –
!sulp à, tulaS –

.rueisnoM, ruojnoB –
.emadaM, ruojnoB –

?av aç, eniluaP, tulaS –
.av aÇ –

.ellesiomedaM, riover uA –
.emadaM, riover uA –

.emadaM, ruojnoB –
.stnafne sel, ruojnoB –
```

– Salut, Rachid.

– Salut, à plus!

– Bonjour, Monsieur.

– Bonjour, Madame.

– Salut, Pauline, ça va?

– Ça va.

– Au revoir, Mademoiselle.

– Au revoir, Madame.

– Bonjour, Madame.

– Bonjour, les enfants.

Approches — trois — 3

3 **a** Pauline und Valentin treffen sich am Sonntag auf der Straße. Erstelle einen Dialog aus dem Silbenrätsel! *Écris le dialogue.*

– Salut, Valentin.

– Salut, Pauline. Ça va?

– Ça va.

– Salut, à plus!

– Salut!

Ça – len – lut – lut – Sa – Sa – tin – va – Va

à – Ça – line – lut – lut – plus – Pau – Sa – Sa – va

b Bilde nun ein Silbenrätsel wie in **a** und lege es deinem Mitschüler / deiner Mitschülerin vor.

La France en direct: Acheter en France

4 **a** *Où est-ce que tu achètes ces objets? Relie.* Wo kaufst du diese Gegenstände? Verbinde.

a 2   b 2   c 1   d 1   e 3   f 3

1

2

3

b Was heißen wohl diese Wörter auf Deutsch?

1. boulangerie — Bäckerei

2. papeterie — Schreibwarengeschäft

3. épicerie — Lebensmittelgeschäft

4   quatre   Approches

SÉQUENCE 1

1 *Complète les dialogues. Vervollständige die Dialoge.* (→ Texte, p. 12)

C'est **toi**, Paul?
Oui, c'est **moi**.

C'est toi, Lucie?
Oui, **c'est moi**.

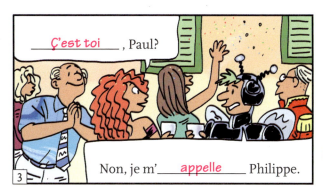
C'est toi, Paul?
Non, je m'**appelle** Philippe.

Non, je **m'appelle** Pauline.
C'**est toi**, Manon?

À toi. *Tu t'appelles comment?*

Je m'appelle (Lisa/Sven) _____.

2 *Complète les dialogues.*

1. – Salut, Pauline.
   – Je **m'appelle** Lucie.
   – Oh, **pardon** !

2. – **C'est** qui?
   – Je ne **sais** pas.

3. – Tu t'appelles **comment** ?
   – Je **m'appelle** Manon.

4 – Moi, je m'appelle Lucie, et **toi** ?
   – Rachid.

5. – **C'est toi**, Paul?
   – Oui, **c'est moi**.

3 *Complète. Vervollständige!*

Au revoir, 1.
Je m' 2 Lucie.
C'est 3 Mirelli.
Salut, à 4.
Oh, 5!
Bonjour, 6!
Tu t'appelles 7?
Coucou, c'est 8?

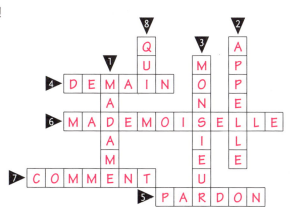

SÉQUENCE 1   **cinq**   5

4 *Lis les phrases et complète le tableau.* Lies die Sätze laut und vervollständige die Tabelle. (→ Repères, p. 21/1)

Salut.
Bonjour, Monsieur.
Salut, Pauline, à plus!
Au revoir, Madame. À demain.
Je m'appelle Tarik.
Salut, Valentin, ça va?
Je m'appelle Pauline, et toi?
Au revoir.
Pauline, c'est moi.

jemanden begrüßen	sich vorstellen	sich verabschieden
Salut.	Je m'appelle Pauline, et toi?	Salut.
Bonjour, Monsieur.	Je m'appelle Tarik.	Au revoir, Madame. À demain.
Salut, Valentin, ça va?	Pauline, c'est moi.	Au revoir.
		Salut, Pauline, à plus!

5 *Sépare les mots et écris le dialogue.* Trenne die Wörter voneinander und schreibe den Dialog auf. Denke an die Satzzeichen! (→ Texte, p. 12)

COUCOU|TARIK|C'EST|QUI|C'EST|TOI|PAULINE|NON|C'EST|TOI|LUCIE|NON|C'EST|MOI|MANON

– Coucou, Tarik, c'est qui?
– C'est toi, Pauline?
– Non.
– C'est toi, Lucie?
– Non, c'est moi, Manon.

6 *Mets dans l'ordre et écris les phrases.* Finde die richtige Reihenfolge und schreibe die Sätze auf.

7	C'est moi.	– Bonjour, Paul.
2	Je m'appelle André!	– Je m'appelle André!
4	Paul, c'est toi?	– Oh, pardon!
3	Oh, pardon!	– Paul, c'est toi?
5	Non, je m'appelle Philippe.	– Non, je m'appelle Philippe.
1	Bonjour, Paul.	– Paul, c'est qui?
6	Paul, c'est qui?	– C'est moi.

six — SÉQUENCE 1

SÉQUENCE 2

1 *C'est qui? Présente les jeunes.*
Stelle die Jugendlichen vor.
Schreibe zu jedem Bild mindestens einen Satz! Vielleicht findest du auch mehr?
(→ Texte, p. 14)

 1  2  3  4

1. Voilà Manon. Elle est dans la classe de Tarik.

2. Voilà Tarik. Il est dans la classe de Manon.

3. C'est Paul. Il est dans la classe de Pauline.

4. C'est Pauline. Elle est avec Paul.

2 *Regarde les dessins et trouve les réponses.* Schau dir die Bilder an und finde die Antworten. (→ p. 16/5)

 1 2 3 4 5

1. Salut, Tarik, ça va? — Ça va.

2. Ça va, Manon? — Non, ça va mal.

3. Bonjour, Monsieur, ça va? — Oui, ça va bien.

4. Salut, Pauline, ça va? — Non, ça va mal.

5. Et toi, Paul? — Ça va bien.

3 *Trouve les 15 mots. Écris les noms avec l'article défini.* Finde die 15 Wörter. (→ Liste des mots, p. 148)

amie

es

fille

dans

regarde

garçon

classe

toi

bien

va

ami

avec

il

elle

ça

4

Fais le tandem, p. 81 avec ton voisin* / ta voisine.

* **le voisin / la voisine** der Nachbar / die Nachbarin

SÉQUENCE 2 — sept — 7

5 *Complète.* (→ Repères, p. 22/5)

– Tu __es__ dans la classe de Philippe?

– Non, je __suis__ dans la classe de Frédéric.

– Et Tarik? __Il__ __est__ dans la classe de Pauline?

– Non, __il__ __est__ dans la classe de Manon.

– Et Lucie? __Elle__ __est__ dans la classe de Manon?

– Je ne sais pas.

6 ○ *Complète. Utilise:* / Verwende:

la classe – la fille – l'amie – l'ami – le garçon

1. __L'ami__ de Manon, c'est qui?

2. Manon est dans __la classe__ de Tarik.

3. Pauline, c'est __la fille__ avec Paul.

4. Manon est __l'amie__ de Tarik.

5. Paul, c'est __le garçon__ avec Tarik.

7 ● *Traduis.* Übersetze.

1. Bist du Tariks Freund?

__Tu es l'ami de Tarik?__

2. Tarik ist in Manons Klasse.

__Tarik est dans la classe de Manon.__

3. Das Mädchen bei Tarik? Das ist Pauline.

__La fille avec Tarik? C'est Pauline.__

4. Pauline ist Manons Freundin.

__Pauline est l'amie de Manon.__

8 Am ersten Schultag bist du in Lyon. Du begegnest Lucie auf dem Schulhof.

a *Écris le dialogue.*
(→ Repères, p. 21/1)

1. Du begrüßt Lucie.

__– Salut, / Bonjour, Lucie!__

2. Sie begrüßt dich auch und fragt dich, wie du heißt.

__– Salut./Bonjour. Tu t'appelles comment?__

3. Du antwortest. Du fügst hinzu, dass du neu bist.

__– Je m'appelle (Max/Nora).__

__Je suis nouveau/nouvelle.__

4. Sie fragt dich, wie es dir geht.

__– Ça va?__

5. Du antwortest.

__– Oui, ça va (bien).__

b *Continue le dialogue. Écris-le dans ton cahier.* Setze den Dialog fort. Schreibe ihn in dein Heft.

SÉQUENCE 3

1 a *Complète. Utilise* un/une *ou* le/la/l'.

voyelles (Selbstlaute) = A E I O U Y
consonnes (Mitlaute) = B C D F G H J K L M N P Q R S T V W X Z

consonnes	voyelles		
1. c l s s	a e	C'est <u>une classe</u>.	
		C'est <u>la classe</u> de Tarik.	
2. c l l n	o i e	C'est <u>une colline.</u>	
		C'est <u>la colline</u> de la Croix-Rousse.	
3. v l l	i e	C'est <u>une ville.</u>	
		C'est <u>la ville</u> de Manon.	
4. c l l g	o è e	C'est <u>un collège.</u>	
		C'est <u>le collège</u> de Paul.	
5. c l l	a i o u	C'est <u>un caillou.</u>	
		C'est <u>le</u> Gros <u>Caillou.</u>	

b *À toi.* Bilde nun weitere Rätsel wie in **a** und lege sie deinem/deiner Mitschüler/in vor.
(→ Liste des mots, p. 149)

2 *Réponds. Utilise* Il/Elle est entre _____ et _____. Antworte.

1. Où est Valentin?   <u>Il est entre Rachid et Manon.</u>

2. Où est Paul?   <u>Il est entre Manon et Lucie.</u>

3. Où est Pauline?   <u>Elle est entre Monsieur Mirelli et Rachid.</u>

4. Où est Lucie?   <u>Elle est entre Paul et Madame Navarro.</u>

5. Où est Manon?   <u>Elle est entre Valentin et Paul.</u>

6. Où est Rachid?   <u>Il est entre Pauline et Valentin.</u>

3 *Forme les phrases. Utilise à ou en.*

1. Pauline / France / Lyon
2. Le collège de Magali / France / Toulouse
3. Tarik / France / Lyon
4. Le Main / fleuve / Allemagne
5. Strasbourg / ville / France

1. Pauline est en France, à Lyon.

2. Le collège de Magali est en France, à Toulouse.

3. Tarik est en France, à Lyon.

4. Le Main est un fleuve en Allemagne.

5. Strasbourg est une ville en France.

4 *Traduis. Übersetze!* (→ Texte, p. 17)
Hilf den Schülern aus der Kreuzberger Hermann-Hesse-Schule die Kommentare zu ihrer CD-ROM für ihre französischen Brieffreunde zu verfassen.

Die Hermann-Hesse-Schule ist eine Schule in Kreuzberg.
Hermann Hesse ist ein Dichter.
Kreuzberg ist ein Viertel von Berlin.
Das Viertel liegt (ist) auf einem Hügel.
Berlin ist eine Stadt zwischen zwei Flüssen.

L'école Hermann Hesse est une école de Kreuzberg.

Hermann Hesse est un poète.

Kreuzberg est un quartier de Berlin.

Le quartier est sur une colline.

Berlin est une ville entre deux fleuves.

Apprendre à apprendre (→ p. 20/9)

5 **Wie du im Buch etwas nachschlagen kannst (2)**

1. Finde heraus, was das Wort maison bedeutet. Ist das Wort männlich oder weiblich?

   Maison bedeutet _____Haus_____.

   Es ist männlich ☐
   weiblich ☒.

   Wie bist du vorgegangen?

   Ich habe im Schülerbuch auf Seite 195

   nachgeschlagen.

2. Finde heraus, wie die Laute [y] und [u] gesprochen werden. Wo hast du die Lösung gefunden?

   Im Schülerbuch auf Seite 138.

3. Zu Hause bereitest du eine Übung vor, bist aber nicht sicher, ob du die Arbeitsanweisung verstanden hast.

   Du schlägst im _____Schülerbuch_____

   auf S. ___139___ nach.

4. Du hast vergessen, wie man „Freund" auf Französisch sagt. Wo schaust du am besten nach?

   Im Petit dictionnaire allemand-français auf S. 201.

Bilan autocorrectif

Hier kannst du deine Lernfortschritte überprüfen. Versuche die folgenden Übungen ohne Hilfe zu machen. Vergleiche dann deine Ergebnisse mit den Lösungen auf S. 90. Dort erfährst du, wie du etwas, was du noch nicht beherrschst, noch einmal gezielt üben kannst.

1 Redewendungen Qu'est-ce qu'on dit?

Du bist bei deinem Brieffreund / deiner Brieffreundin in Frankreich.

1. Du begrüßt die Lehrerin.
   _____

2. Du stellst dich vor.
   _____

3. Du sagst, dass du neu bist.
   _____

4. Du begrüßt einen Freund / eine Freundin und fragst ihn/sie, wie es ihm/ihr geht.
   _____

5. Du fragst einen Schüler / eine Schülerin nach seinem/ihrem Namen.
   _____

6. Du hast einen französischen Satz nicht verstanden.
   _____

7. Du fragst, wo Lisa ist.
   _____

2 Der bestimmte und der unbestimmte Artikel L'article défini et l'article indéfini

Complète. Utilise un/une *ou* le/la.

1. Voilà _____ cédérom. C'est _____ cédérom de _____ cinquième C pour _____ classe de Tilo.

2. Lyon est _____ ville en France entre _____ Rhône et _____ Saône. Et _____ Croix-Rousse?

   C'est _____ quartier de Lyon sur _____ colline.

3 Wortschatz Vocabulaire

Trouve les mots et complète. Finde die Wörter heraus und vervollständige.

Schwabing est un ⬚1⬚ de Munich.
Paris est une ⬚2⬚ en France.
Clément Marot est le ⬚3⬚ de Tarik.
Le Rhône? C'est un ⬚4⬚!
Le collège est sur la ⬚5⬚ de la Croix-Rousse.
Le Gros ⬚6⬚ est à Francfort? Non, il est à Lyon!
C'est qui, la ⬚7⬚ avec Valentin?
Le ⬚8⬚ avec Pauline, c'est Paul!

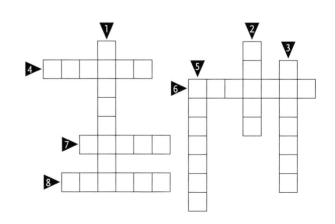

Bilan autocorrectif — *onze* — 11

4 Das Verb „être" / Die Personalpronomen im Singular Le verbe «être» / Les pronoms personnels au singulier

Complète.

– Tarik _____ dans la classe de Paul?

– Non, ____ _____ dans la classe de Manon.

– Et Pauline?

– ____ _____ dans la classe de Valentin.

– Et toi, ____ _____ dans la classe de Philippe?

– Non, ____ _____ dans la classe de Céline.

– Céline, c'_____ qui?

– C'_____ l'amie de Philippe.

5 Präpositionen Prépositions

Complète par à, en, entre. Ergänze mit „à", „en", „entre".

Je suis _____ France.

Ludwigslust, c'est _____ Hambourg et Berlin.

Mme Pianta est _____ Innsbruck.

M. Mirelli est _____ Beaune, c'est une ville _____ Dijon et Lyon.

Ah, tu es _____ Allemagne!

Die Lösungen findest du auf S. 90.

UNITÉ 2 À l'école

Approches

1 Complète. (→ Texte, p. 24)

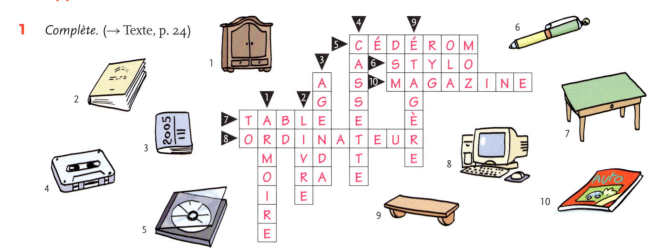

Across/Down entries filled:
- CÉDÉROM
- STYLO
- MAGAZINE
- CASSETTE
- AGENDA
- TABLE
- ORDINATEUR
- ARMOIRE
- DVD
- ÉTAGÈRE

2 Mets les mots au singulier.
Setze die Wörter in die Einzahl.
Utilise le/la/l'.
(→ Repères, p. 32/2)

les armoires – les étagères –
les écoles – les amis –
les cédéroms – les agendas –
les ordinateurs – les CD –
les disquettes – les souris –
les DVD – les amies

(männlich) ♂	(weiblich) ♀
l'ami	l'armoire
le cédérom	l'étagère
l'agenda	l'école
l'ordinateur	la disquette
le CD	la souris
le DVD	l'amie

3 Complète. Utilise les et un nom. (→ Repères, p. 32/2)

1. Voilà les magazines.

2. Voilà les stylos.

3. Voilà les livres.

4. Ah, voilà les filles!

5. Voilà les élèves de M. Pennac.

6. Voilà les cassettes.

Approches   treize   13

SÉQUENCE 1

1 Hilf Rissou die richtige Pluralform zu schreiben.
(→ Repères, p. 32/3)

une armoire	<u>des armoires</u>
un stylo	<u>des stylos</u>
un ordinateur	<u>des ordinateurs</u>
une souris	<u>des souris</u>
un magazine	<u>des magazines</u>
un livre	<u>des livres</u>
une cassette	<u>des cassettes</u>
un CD	<u>des CD</u>
une frite	<u>des frites</u>
un surveillant	<u>des surveillants</u>
une cour	<u>des cours</u>
un cochon d'Inde	<u>des cochons d'Inde</u>

DELF 2 *Décris Rissouville.*
Beschreibe Rissouville.
(→ Repères, p. 32/3)
Utilise: cantine, surveillants, gymnase, collège, ordinateurs, colline, fleuve, poète, souris, ___ .

Il y a (aussi) un / une ___ . / des

<u>À Rissouville, il y a des souris. Il y a un collège.</u>
<u>(C'est le collège sympa.) Dans le collège, il y a aussi</u>
<u>un gymnase avec des surveillants. Il y a aussi des</u>
<u>ordinateurs. Il y a un poète. Il y a des collines et</u>
<u>un fleuve.</u>

3  *Fais le tandem, p. 82 avec ton voisin / ta voisine.*

14 <u>quatorze</u> SÉQUENCE 1

4 ⭕ *C'est qui? ou Qu'est-ce que c'est? Écris les questions.* Schreibe die Fragen auf.

1. C'est qui?
   C'est M. Conté, le prof de maths.

2. Qu'est-ce que c'est?
   C'est le collège «Clément Marot».

3. Qu'est-ce que c'est?
   C'est un caillou.

4. C'est qui?
   C'est Paul. Il est nouveau.

5. C'est qui?
   C'est Madame Pianta, la secrétaire.

6. Qu'est-ce que c'est?
   C'est un agenda.

7. C'est qui?
   C'est un surveillant.

5 ⚫ *Voilà les réponses. Écris les questions.* Hier sind die Antworten. Schreibe die Fragen auf.

1. Qu'est-ce qu'il y a sur la colline?
   Sur la colline, il y a un caillou.

2. Qu'est-ce que c'est?
   C'est un cochon d'Inde, Monsieur.

3. Il y a une cantine à «Clément Marot»?
   Oui, il y a une cantine à «Clément Marot».

4. Qu'est-ce qu'il y a à la cantine?
   À la cantine, il y a des frites.

5. Elle s'appelle comment?
   Elle s'appelle Madame Pianta.

6. C'est qui?
   C'est M. Ardent.

7. Où est Francfort?
   Francfort est en Allemagne.

6 *Trouve les mots qui riment.* Finde die Wörter, die sich reimen. (→ Liste des mots, p. 151)

Voilà Amédée

Avec des CD

Et un ___DVD___

Voilà la cant___ine___

Regarde Marine

Avec ___Pauline___

Regarde, voilà Jeannette

Avec des disquettes

Et des ___cassettes___

Salut, Nathan,

Voilà le ___surveillant___

Et des ___enfants___

SÉQUENCE 1 — quinze

SÉQUENCE 2

1 *Complète. Utilise* à droite, à gauche, dans, sous, sur.
(→ Repères, p. 33/7)

1. C'est <u>dans</u> _____ l'armoire?
2. C'est <u>sous la table</u> _____?
3. <u>C'est sur l'étagère</u> _____?
4. <u>C'est dans la classe</u> _____?
5. <u>C'est à droite</u> _____?
6. <u>C'est à gauche</u> _____?

2 **a** *Relie.*
Verbinde.
(→ Repères, p. 33/4)

Madame, s'il vous plaît, où sont les cassettes? [a] — [1] Il est sur la table, à gauche.
Madame, où est la disquette de géographie? [b] — [2] Ils sont dans l'armoire, à droite.
Pardon, Madame, où est l'atlas? [c] — [3] Elles sont dans l'armoire, à gauche.
Et les livres de maths, Madame Pivot? [d] — [4] Elle est là-bas sur l'étagère, à gauche.

b Zeichne das „CDI" von Madame Pivot in deinem Heft nach den Angaben von **a**.

3 *Fais le double V, p. 83 avec ton voisin / ta voisine.*

4 **a** *Où est?* ou *Où sont? Écris les questions.*
1. Manon + Pauline / 2. Lucie / 3. Manon + Tarik / 4. les livres de géographie / 5. M. Pennac

b *Complète les réponses de* **a**.
Utilise Il(s)/Elle(s) est/sont.
(→ Repères, p. 33/4)

1. <u>Où sont Manon et Pauline?</u>   <u>Elles sont</u> _____ là-bas.
2. <u>Où est Lucie?</u>   <u>Elle est</u> _____ dans la cour.
3. <u>Où sont Manon et Tarik?</u>   <u>Ils sont</u> _____ à l'école.
4. <u>Où sont les livres de géographie?</u>   <u>Ils sont</u> _____ sur l'étagère de M. Ardent.
5. <u>Où est M. Pennac?</u>   <u>Il est</u> _____ avec Mme Navarro.

c À toi. Écris trois questions et trois réponses comme en **a** et **b** dans ton cahier.

5 *Écris le dialogue dans ton cahier.* (→ Repères, p. 32/1)

Valentin zeigt Paul, wo sich die Kassetten befinden. / Er stellt ihm M. Ardent, den Schulbibliothekar, vor. / Paul fragt, wo die Erdkundebücher sind. / Valentin antwortet, dass sie sich links im Schrank befinden. / Manon kommt an und begrüßt M. Ardent. / Sie fragt ihn, wo der Film „Gangs of New York" ist. / M. Ardent fragt, ob sie den Film mit Leonardo diCaprio meint. / Sie bejaht. / M. Ardent antwortet, dass die Videokassetten sich im Regal rechts befinden.

<u>seize</u>

SÉQUENCE 3

1 *Complète.* (→ Texte, p. 29)

⟨1⟩, c'est l'heure.
Paul est en sixième. Pauline ⟨2⟩.
La cassette d'Astérix est ⟨3⟩ Paul.
Gallet avec un L ⟨4⟩ deux? ⟨5⟩, s'il te plaît.
Vous êtes ⟨6⟩ là?
Vous êtes ⟨7⟩ cinquième?
Les cassettes vidéo? Regarde ⟨8⟩.
Ça va ⟨9⟩ bien.
Un ⟨10⟩, c'est aussi un livre.
⟨11⟩ cassettes, c'est trop!

Crossword:
- 11↓ QUATRE
- 1↓ MAINTENANT
- 2→ AUSSI
- 5→ ÉPÈLE
- 3↓ OU
- 4→ OU
- 7↓ UN
- 10↓ ATLAS
- 6→ ENCORE
- 8→ LÀ-BAS
- 9→ TRÈS

2 ○ **Les signes français** (→ p. 30/3c)

Regarde la liste des mots pages 147–154 et note un ou deux mots* avec

une apostrophe	c'est, l'ami(e)
une cédille	le garçon, ça
un accent aigu	le cédérom, l'école
un accent grave	à, le collège
un accent circonflexe	le Rhône, bien sûr

* **note un ou deux mots** schreibe ein oder zwei Wörter auf

3 ● Hilf Rissou den Text mit dem richtigen Buchstaben zu vervollständigen. Achte dabei auf die Sonderzeichen!

1. Vous _ê_tes en cinqui_è_me o_u_ en sixi_è_me?
2. O_ù_ sont les livres de g_é_ographie?
3. _Ç_a va, Victor?
4. Oui, tr_è_s bien.
5. _É_p_è_le, s_'_il te pla_î_t.
6. L_a_ cassette vid_é_o est l_à_-bas.
7. Alors, c_'_est toi, Paul?
8. Je m_'_app_e_lle Valentin.
9. Voil_à_ Tarik!

SÉQUENCE 3 — dix-sept — 17

4 *Complète avec les formes du verbe* être *et un pronom personnel.* (→ Repères, p. 33/5)

5 a *Relie. Achtung: Drei Sätze bleiben übrig.*

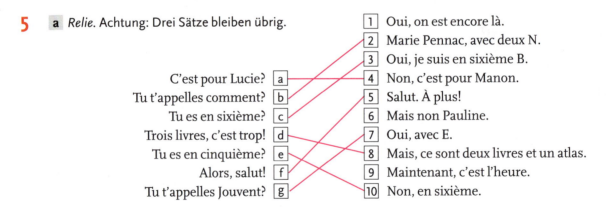

		1 Oui, on est encore là.
		2 Marie Pennac, avec deux N.
C'est pour Lucie?	a	3 Oui, je suis en sixième B.
Tu t'appelles comment?	b	4 Non, c'est pour Manon.
Tu es en sixième?	c	5 Salut. À plus!
Trois livres, c'est trop!	d	6 Mais non Pauline.
Tu es en cinquième?	e	7 Oui, avec E.
Alors, salut!	f	8 Mais, ce sont deux livres et un atlas.
Tu t'appelles Jouvent?	g	9 Maintenant, c'est l'heure.
		10 Non, en sixième.

b *Écris les dialogues dans ton cahier.*

6 *Choisis trois objets que tu aimerais sortir du CDI et écris un dialogue dans ton cahier.* Suche dir drei Gegenstände aus, die du aus der Schulbibliothek entleihen möchtest, und schreibe einen Dialog in dein Heft.
(→ Repères, p. 33/1)

Utilise:
Où est/sont ___ , s'il vous plaît?
en sixième
tu t'appelles

– Du begrüßt M. Ardent.
– Du fragst, wo sich die einzelnen Gegenstände befinden.
– M. Ardent antwortet.
…
Du hast nun die Sachen gefunden und willst sie mitnehmen:
– M. Ardent fragt, ob die Sachen für dich sind.
– Du bejahst.
– Er fragt, wie du heißt.
– Du antwortest und buchstabierst deinen Namen und nennst deine Klasse.
– Du verabschiedest dich.

Apprendre à apprendre (→ p. 35/7)

DELF 7 **a** Schau dir diese Seite genau an und beantworte die Fragen.

1. „Okapi" ist
   - ☐ eine Baseballkappe.
   - ☒ eine Zeitschrift.
   - ☐ ein Organizer.

2. Hier kannst du
   - ☒ etwas abonnieren.
   - ☐ dich für einen Kurs anmelden.
   - ☐ an einem Preisausschreiben teilnehmen.

3. Was heißt „réduction" auf Deutsch?

   Ermäßigung

b *Remplis* le bulletin**.*

```
PRÉNOM
NOM
ADRESSE
CODE POSTAL    COMMUNE
DATE DE NAISSANCE    TÉLÉPHONE
```

* **remplis** fülle aus   ** **le bulletin** das Anmeldeformular

SÉQUENCE 3 — dix-neuf — 19

Bilan autocorrectif

1 Vocabulaire

Retrouve le nom des objets et écris-les avec l'article indéfini. Finde die Wörter wieder und schreibe sie mit dem unbestimmten Artikel auf.

arm	ris
cas	erom
céd	gère
dis	azine
éta	quette
li	sette
ordin	oire
mag	vre
sou	la
sty	ateur

2 Die Artikel und die Nomen im Plural — Les articles et les noms au pluriel

a *Mets les mots et les articles au pluriel.*

1. un caillou
2. la table
3. l'ordinateur
4. une colline
5. le fleuve

b *Mets les mots et les articles au singulier.*

1. les élèves
2. des souris
3. des atlas
4. les amis
5. des armoires

3 Das Verb „être" und die Personalpronomen — Le verbe «être» et les pronoms personnels

Complète.

1. Moi, _____ en Allemagne.
2. Mon ami et moi, _____ à Berlin.
3. Et toi, _____ à Clément Marot?
4. Et M. Pennac, _____ aussi à Clément Marot?
5. Et vous, Pascal et Pascale, _____ à Francfort?
6. Et Pauline et Lucie? _____ à Lyon.
7. Tarik et Manon sont à l'école? Oui, _____ à la cantine.

4 Qu'est-ce qu'on dit?

Qu'est-ce qu'on dit? Relie.

Ich stelle jemanden vor. ☐1   a☐ Merci.
Ich sage, dass etwas für mich ist. ☐2   b☐ C'est l'heure.
Ich sage, in welcher Klasse ich bin. ☐3   c☐ Tu es l'ami de Pauline, c'est ça?
Ich bedanke mich. ☐4   d☐ Voilà Manon.
Ich frage, wo etwas zu finden ist. ☐5   e☐ Je suis en sixième.
Ich vergewissere mich, ob etwas stimmt. ☐6   f☐ Où sont les livres?
Ich sage, dass es Zeit ist. ☐7   g☐ La cassette d'Astérix, c'est pour moi.

5 Ortsangaben Indications de lieu

Regarde le dessin et complète.

L'atlas est _____ l'armoire,

_____ . Les livres sont

_____ l'étagère, _____ .

L'ordinateur est _____ la table.

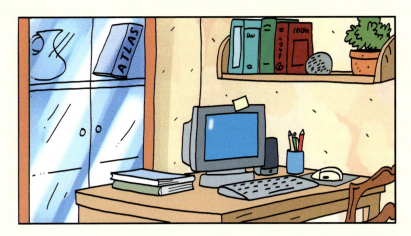

6 Rechtschreibung Orthographe

Raye les fautes et écris la phrase correcte.
Streiche das fehlerhafte Wort durch und schreibe den korrekten Satz auf.

1. Tu t'appelles Marine où/ou Carine?

_____

2. Manon et Pauline sont le/les amies de Lucie.

_____

_____

3. La/Là cassette d'Astérix est sur l'ordinateur.

_____

_____

4. Voilà/Voila l'ami de Paul Gallet.

_____

5. Tu es/et l'amie de Pauline?

_____

6. C'est ça/ca.

_____

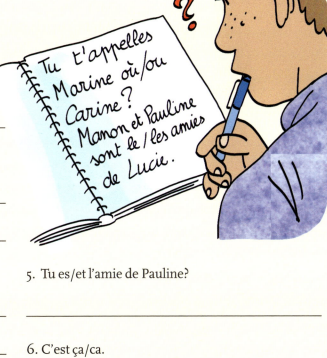

Die Lösungen findest du auf S. 91.

Bilan autocorrectif

UNITÉ 3 — Ma famille et mes amis

Approches

1 *Trouve les dix noms. Écris-les avec l'article défini.* (→ Liste des mots, p. 154)

A	B	C	D	E	F	G	H	I	F	J	K	L	M
N	O	P	Q	R	S	T	U	V	R	W	X	Y	Z
Z	Y	G	R	A	N	D	-	P	È	R	E	X	W
V	U	F	T	S	R	Q	P	A	R	E	N	T	S
G	R	A	N	D	-	M	È	R	E	P	O	N	Œ
M	L	M	È	R	E	K	J	F	I	H	G	F	U
E	D	I	C	C	O	P	A	I	N	B	A	B	R
C	D	L	E	H	F	È	G	H	I	J	K	L	M
N	O	L	P	A	Q	R	R	M	A	I	S	O	N
S	T	E	U	T	V	E	W	W	V	O	B	I	N

la famille — le grand-père
le chat — les parents
le père — la grand-mère
le frère — la mère
la sœur — le copain
— la maison

2 *Forme les phrases et écris-les.* Bilde die Sätze und schreibe sie auf. *Utilise* le, la, l', les *et* mon, ma, mes.

1. copains / frère Antoine — Voilà les copains de mon frère Antoine.
2. copain / sœur — Voilà le copain de ma sœur.
3. copines / frères — Voilà les copines de mes frères.
4. amie / mère — Voilà l'amie de ma mère.
5. frères / amie Pauline — Voilà les frères de mon amie Pauline.
6. sœur / copain Paul — Voilà la sœur de mon copain Paul.
7. amis / parents — Voilà les amis de mes parents.

3 *Complète. Utilise* dans, derrière, devant, sous, sur.

1. La souris est __sous__ la table.
2. Le chat est __dans__ l'armoire.
3. Les livres sont __sur__ l'étagère.
4. Les enfants sont __devant__ la maison.
5. La cassette est __derrière__ l'armoire.
6. Les élèves sont __devant__ le collège.
7. Le chat est __derrière__ l'ordinateur.

22 — vingt-deux — Approches

SÉQUENCE 1

1 *Où est la souris? Complète.* (→ Liste des mots, p. 156)

Elle est ___dans la salle de bains___ ?   Elle est ___dans la salle de séjour___ ?   Elle est ___dans la cuisine___ ?

Elle est ___dans la chambre___ ?   Elle est ___dans l'armoire___ ?   Elle est ___dans l'ordinateur___ !

2 **a** *Cherche les nombres de un à dix.* Suche die Zahlen von „un" bis „dix". (→ p. 141)

b Verstecke selbst einige Zahlen in dem leeren Raster und lege dieses Rätsel deinem/deiner Mitschüler/in vor. (Du kannst die Zahlen auch von oben nach unten verstecken.)

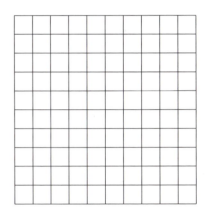

c *Écris les numéros des pages de ton carnet jusqu'à 10 en toutes lettres.* Schreibe die Seitenzahlen deines Arbeitsheftes bis 10 aus.

3 Tilo übt. Du auch. *Forme les phrases. Utilise* ton, ta, tes *et* mon, ma, mes. (→ Repères, p. 47/2)

   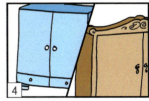

1. ___Voilà ta chambre et voilà ma chambre.___

2. ___Voilà tes livres et voilà mes livres.___

3. ___Voilà ton ordinateur et voilà mon ordinateur.___

4. ___Voilà ton armoire et voilà mon armoire.___

Continue avec frère, parents, sœur, amie, copines *et écris les phrases dans ton cahier.*

4 *Complète. Utilise l'impératif.* Verwende den Imperativ.

5 *Mets le verbe au singulier ou au pluriel.*
(→ Repères, p. 48/4)

1. Pauline travaille dans la salle de séjour.

   Paul et Tarik ___travaillent___ dans la cuisine.

2. Je téléphone. Tu ___téléphones___ aussi.

3. Tu chantes: «Je suis ta copine».

   Elles ___chantent___ aussi.

4. Elle ___est___ dans la cuisine.

   Ils sont dans la salle de séjour.

5. Tarik ___regarde___ la télé.

   Paul et Valentin regardent aussi la télé.

6. Tu es dans ta chambre?

   Vous ___êtes___ dans la cuisine?

6 *Mets le dialogue dans l'ordre et écris-le dans ton cahier.* Finde die Reihenfolge des Dialogs wieder.

[4] Très bien, merci, et vous?
[7] Oui, il est dans la salle de séjour. Il regarde la télé.
[10] Manon, Valentin arrive. Au revoir.
[2] Bonjour Madame, c'est Manon.
[8] Valentin! Le téléphone, c'est ta copine, Manon.
[6] Valentin est à la maison?
[9] Un moment, Manon.
[1] Allô?
[3] Ah, bonjour Manon. Comment ça va?
[5] Ça va.

24 ___vingt-quatre___ SÉQUENCE 1

SÉQUENCE 2

1 *Complète. Ajoute l'article défini ou indéfini.* Füge den bestimmten oder unbestimmten Artikel hinzu.
(→ Texte, p. 42, Liste des mots, p. 157)

Madame Gallet travaille dans _____un hôpital_____. Elle entre dans

_____l'appartement_____. Paul est sur _____une chaise_____ et il pose

_____une lampe_____. Annabelle regarde _____des photos_____

avec _____la perruche_____. _____Le carton_____ de photos est sur

_____le lit_____.

2 **a** *Ajoute la bonne terminaison.* Füge die richtige Endung hinzu. (→ Repères, p. 48/4)

e · es · ons · ez · e · eons · ent

je parl**e**   nous mang**eons**   j'habit**e**

tu rang**es**   vous arriv**ez**   on écout**e**

il travaill**e**   ils chant**ent**   nous prépar**ons**

elle arrêt**e**   elles regard**ent**   vous allum**ez**

b *Complète par des verbes de* **a**.

1. Nous _____regardons_____ des photos.
2. Vous _____préparez_____ le dîner.
3. Nous _____travaillons_____ dans un hôpital.
4. Vous _____chantez_____ une chanson.

3 *Écris deux phrases avec chaque verbe.* Schreibe zwei Sätze mit jedem Verb. *Utilise* je, tu, il/elle/on, nous, vous, ils/elles.

ranger · manger · regarder · allumer · habiter · travailler

Je regarde la télé. Elle regarde un film.

(Tu manges des frites. On mange aussi des frites. Nous rangeons la chambre. Vous rangez la cuisine.

Il allume la télé. Elle allume son ordinateur. Elles habitent à Lyon. J'habite à Paris. Où est-ce que tu

travailles? Je travaille dans un hôpital.)

4 **a** *Forme les phrases. Utilise* son, sa, ses *et* cartons, atlas, magazine, photos, cédérom, cassette de rap, agenda.

1. Manon range ses cartons.
2. Manon range son atlas.
3. Manon range son magazine.
4. Manon range ses photos.
5. Manon range son cédérom.
6. Manon range sa cassette de rap.
7. Manon range son agenda.

b *Continue. Utilise* son, sa, ses *et les mots de* **a**.

1. Paul range aussi ses cartons.
2. Paul range aussi son atlas.
3. Paul range aussi son magazine.
4. Paul range aussi ses photos.
5. Paul range aussi son cédérom.
6. Paul range aussi sa cassette de rap.
7. Paul range aussi son agenda.

5 *Fais le tandem, p. 84 avec ton voisin / ta voisine.*

6 *Chez Lucie. Traduis les phrases.* Übersetze die Sätze. (→ Texte, p. 42, Repères, p. 47/2)

1. Lucie ist zu Hause. Sie räumt die Wohnung mit ihrem Bruder Antoine auf.

   Lucie est à la maison. Elle range l'appartement avec son frère Antoine.

2. Ihre Schwester arbeitet im Wohnzimmer.

   Sa sœur travaille dans la salle de séjour.

3. Ihre Eltern bereiten das Abendessen zu.

   Ses parents préparent le dîner.

4. Ihr Bruder Manuel sieht einen Film im Fernsehen.

   Son frère Manuel regarde un film à la télé.

5. Die Katzen sind in ihrem Zimmer auf ihrem Bett.

   Les chats sont dans sa chambre, sur son lit.

7 Um Verben zu behalten, kannst du einen oder zwei Buchstaben so zeichnen, dass man sofort weiß, was das Wort bedeutet. *Dessine* habiter, montrer, entrer, manger, regarder, parler.

SÉQUENCE 3

1 **a** Retrouve les mots et écris-les avec l'article indéfini. (→ Texte, p. 45)

un chien

une tortue

un message

un correspondant

une adresse

un exercice

un poisson

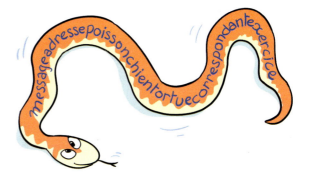

b Écris dans ton cahier une histoire avec trois mots de **a**.

2  Fais le double V, p. 85 avec ton voisin / ta voisine.

3 Pose des questions à ton/ta correspondant/e. Utilise Est-ce que / Où est-ce que. Stelle deinem Brieffreund / deiner Brieffreundin Fragen.

Du willst wissen,
1. wo er/sie wohnt.
2. ob er/sie Geschwister hat.
3. ob er/sie einen Computer hat.
4. ob er/sie eine E-Mail-Adresse hat.
5. wo seine/ihre Eltern arbeiten.
6. wo seine/ihre Freunde wohnen.
7. ob er/sie eine Katze oder einen Hund hat.

1. Où est-ce que tu habites?
2. Est-ce que tu as des frères et des sœurs?
3. Est-ce que tu as un ordinateur?
4. Est-ce que tu as une adresse e-mail?
5. Où est-ce que tes parents travaillent?
6. Où est-ce que tes amis habitent?
7. Est-ce que tu as un chat ou un chien?

4 Écris les numéros des pages de ton carnet jusqu'à 20. (→ p. 141)

5 Trouve les formes des verbes et forme une phrase avec chaque forme. (→ Repères, p. 33/5, 48/4)

(Nous sommes dans la cuisine. J'ai une tortue. Tu es avec ta copine. Ils sont au collège. Nous avons deux chiens. Paul est à la maison. Tu as des frères et sœurs? Vous êtes chez Pauline. Mes grands-parents ont une maison. Vous avez des animaux? Manon a un ami. Je suis à la maison.)

SÉQUENCE 3 — vingt-sept

6 *Écris le dialogue dans ton cahier.* (→ Repères, p. 21/1; p. 47/1)

Du bist in Frankreich und rufst bei Lucie an. → Ihr Bruder Antoine meldet sich.
Du begrüßt ihn und fragst, wie es ihm geht. → Es geht ihm sehr gut.
Du fragst, ob Lucie zu Hause ist. → Er verneint und sagt dir, dass Lucie bei Manon mit Tarik und Valentin ist. Sie schauen einen Film an.
Du findest es super und fragst, was sie anschauen. → Eine DVD mit Charlotte Gainsbourg.
Du fragst, ob er viel zu tun hat in der Schule. → Er bejaht.
Ihr verabschiedet euch.

« Allô, c'est Antoine? »
« Allô? »

DELF **7** *Tu allumes ton ordinateur et tu as un message de ton correspondant / ta correspondante. Imagine le message et écris-le dans ton cahier.*

ta correspondante

ton correspondant

▮▮▮▮▮▮ Réviser

8 Was ist richtig? *Relie.* (Manchmal sind mehrere Antworten möglich.)

[1] Est-ce qu' | il y a un message? / tu as une sœur? / elle a un poisson?

[2] l' | exercice / étagères / poisson

[3] un / une / la / des | table

[4] J' | habite près de Francfort. / ai des amis. / travaille.

[5] Je / Tu / Elle / On | mange.

▮▮▮▮▮▮ Apprendre à apprendre (→ p. 50)

9 Du kannst mit deiner Verbkartei* anfangen.

a *Fais une fiche pour les verbes:* allumer, habiter, montrer, préparer, manger *et* ranger, avoir, être.
(→ Les verbes, p. 142)

b *Écris une phrase avec le verbe au verso** de la fiche.*

* Kopiervorlagen für deine Verbkartei findest du auf S. 80. ** **au verso** auf die Rückseite

28 — vingt-huit — SÉQUENCE 3

Bilan autocorrectif

1 Die Zahlen von 1 bis 20

Donne les résultats de la course.
Gib die Ergebnisse des Wettlaufs bekannt.

Voilà le quatre, le _____

_____

_____

2 Vocabulaire

Complète.

Tilo est le ☐1 de Tarik.
M. Montagnet est le ☐2 de Lucie.
Annabelle et son ☐3 rangent l'appartement.
Voilà Lucie, la ☐4 de Manuel et Antoine.
Les photos d'Annabelle sont dans un ☐5.
Tu as une tortue, un ☐6 et un ☐10!
Tilo habite avec ses ☐7 en Allemagne.
Paul ne travaille pas, il est sur son ☐8.
Où est le téléphone? Sur la ☐9, là.
Mme Gallet est la ☐11 de Paul et Annabelle.
Pruneau est un ☐12.
On mange dans la ☐13?
L'ordinateur de Tarik est dans sa ☐14.

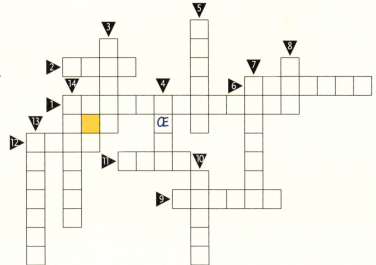

3 Konjugation Conjugaison

a *Complète.* Trage die Verbendungen ein.

infinitif	je, il, elle, on / impératif sing.	tu	nous	vous / impératif pl.	ils, elles
pos-	travaill-	parl-	arriv-	allum-	arrêt-

b *Complète.*

1. Allum_____ les lampes, s'il vous plaît.
2. Elles travaill_____ dans la chambre.
3. Arrêt_____ la télé, s'il te plaît.
4. Voilà, nous arriv_____ .
5. Est-ce que tu parl_____ français?
6. Nous parl_____ avec le documentaliste.
7. Ma grand-mère arriv_____ demain.

Bilan autocorrectif   vingt-neuf   29

4   Die Possessivbegleiter   Les déterminants possessifs

Complète. Utilise mon, ma, mes, ton, ta, tes, son, sa, ses.

1. Où est _mon_ atlas?
   _____ atlas? Je ne sais pas.
   Hé, hé, _____ atlas est sur _____ étagères.

2. Où sont _____ photos?
   _____ photos? Je ne sais pas.
   Hé, hé, _____ photos sont dans _____ armoire.

3. Où est _____ cassette d'Astérix?
   _____ cassette d'Astérix? Je ne sais pas.
   Hé, hé, _____ cassette d'Astérix est sur _____ lit.

5   Qu'est-ce qu'on dit?

a Prüfe hier, ob du behalten hast, wie du folgende Angaben zu dir und deiner Umgebung auf Französisch machen kannst:

1. wie du heißt. _____

2. wo du wohnst. _____

3. wie alt du bist. _____

4. wie du deine Familie oder _____
   deine Freunde vorstellst.

b Du kannst auch auf Französisch folgende Informationen von einem/einer Brieffreund/in erfragen:

1. wie er/sie heißt. _____

2. wo er/sie wohnt. _____

3. wie alt er/sie ist. _____

4. ob er/sie einen Computer hat. _____

5. ob er/sie Geschwister hat. _____

Die Lösungen findest du auf S. 91–92.

UNITÉ 4 Qu'est-ce que vous faites?

Approches

1 a ○ *Retrouve l'ordre et écris les phrases.*
(→ Repères, p. 62/2)

1. le – Tarik – Pauline – est – de – n' – frère – pas

   Tarik n'est pas le frère de Pauline.

   _____

2. les – cour – ne – professeurs – pas – la – jouent – dans

   Les professeurs ne jouent pas dans la cour.

   _____

3. de – travaillent – les – dans – bains – souris – ne – la – salle – pas

   Les souris ne travaillent pas dans la salle de bains.

   _____

4. cherche – porte-monnaie – pas – chien – un – ne – son

   Un chien ne cherche pas son porte-monnaie.

   _____

b *À toi. Écris trois exemples comme en* **a** *pour ton voisin / ta voisine dans ton cahier.*

2 a ● *Complète. Utilise* ne ... pas. (→ Repères, p. 62/2)

1. Tu rêves, Valentin?
   Non, monsieur, je ne rêve pas, j'écoute.

2. Tu travailles?
   Non, je ne travaille pas, je regarde la télé.

3. Tu joues encore sur ton ordinateur?!
   Mais non, maman, je ne joue pas, je travaille!

4. Pauline, tu es dans la cuisine?
   Non, je ne suis pas dans la cuisine, je suis dans ma chambre.

b *Continue. Écris encore deux dialogues dans ton cahier.* Schreibe zwei weitere Dialoge in dein Heft.

SÉQUENCE 1

1 ○ *Relie.*

Clément Marot, c'est un poète? [1] — [a] Oui, c'est un fleuve de Lyon.
La Saône, ce n'est pas un fleuve? [2] — [b] Si, mais c'est aussi un collège.
Clément Marot, ce n'est pas un poète? [3] — [c] Oui, c'est un poète.
Le Rhône, c'est un fleuve? [4] — [d] Mais si.

2 a ● *Réponds. Utilise* Oui *ou* Si.

1. – Lucie aime les bédés de Tardi? – <u>Oui</u>, beaucoup!
2. – Pauline n'aime pas les bédés de Tardi? – <u>Si</u>, mais elle préfère les bédés de Margerin.
3. – Il y a une cantine à Clément Marot? – <u>Oui</u>, et elle est super!
4. – Ce n'est pas très marrant! – Mais <u>si</u>, c'est marrant!
5. – Valentin n'écoute pas? – <u>Si</u>, il écoute.

b *Voilà les réponses. Pose deux questions comme en* **a** *. Stelle zwei Fragen wie in* **a** *.*

1. – <u>(Tu es le copain de Manon)</u> ?
   – Oui.
2. – <u>(Tu n'es pas le copain de Manon)</u> ?
   – Si.

3 *Retrouve les noms. Ajoute l'article défini.* (→ Texte, p. 54)

1. aedns — <u>la danse</u>
2. eollrsr — <u>les rollers</u>
3. aekts — <u>le skate</u>
4. aabdhlln — <u>le handball</u>
5. ooft — <u>le foot</u>
6. ubcl-oohpt — <u>le club-photo</u>
7. yaiuegmnstq — <u>la gymnastique</u>

4 a *Qu'est-ce qu'ils aiment? Réponds.*

1. <u>Il aime les poissons et les chiens.</u>
2. <u>Elle aime la gymnastique.</u>
3. <u>Elle aime la photo.</u>
4. <u>Il aime le foot et les ordinateurs.</u>
5. <u>Elle aime les chats et les livres.</u>
6. <u>Il aime le skate.</u>

b *À toi.* Zeichne „dein eigenes" T-Shirt!

5 **a** ⭕ Trenne die Wörter voneinander und schreibe den Text in dein Heft. Vergiss nicht die accents und die Satzzeichen. (→ Texte, p. 54)

PAULINE|ET|LUCIE|AIMENT|LES|ROLLERS.|TARIK|ET|MANON|PRÉFÈRENT|LE|SKATE.|VA-LENTIN|PRÉFÈRE|LE|FOOT.|ET|VOUS,|QU'EST-CE|QUE|VOUS|PRÉFÉREZ?|NOUS|PRÉFÉRONS|LA|GYMNASTIQUE.|MOI|JE|PRÉFÈRE|LE|HANDBALL|ET|TOI,|QU'EST-CE|QUE|TU|PRÉFÈRES?

b À toi. Écris un texte dans ton cahier comme en **a** pour ton voisin / ta voisine.

6 ⚫ *Complète le poème.* Vervollständige das Gedicht. Tu peux utiliser:

gymnastique – films d'horreur – poissons – ordinateur – maisons de Lyon – garçons – CD – bédés

J'aime les rollers

Mais je préfère ta sœur

Tu aimes ton ordinateur ?

Tu préfères les films d'horreur

Il aime Manon

Elle préfère les maisons de Lyon

Nous aimons les poissons

Mais nous préférons les garçons

Vous aimez les bédés

Vous préférez les CD

Ils aiment la gymnastique

Elles préfèrent Tarik!

7 **a** *Retrouve les formes de ces deux verbes et conjugue-les dans ton cahier.* (→ Repères, p. 63/3)

b *Complète par des formes des deux verbes de* **a** .

1. – Tu **veux** manger des frites?
   – Oui, je **veux** bien.

2. – Maman, est-ce qu'on **peut** regarder la télé?
   – Qu'est-ce que vous **voulez** regarder?

3. – Nous **pouvons** entrer?
   – Oui, vous **pouvez** .

4. Pauline et ses copains sont d'accord: ils **veulent** photographier les traboules. C'est super!

DELF **8** *Tu trouves le message de Lucie* (→ p. 56/8). *Réponds. Écris dans ton cahier.* Du findest Lucies Nachricht. Antworte.

SÉQUENCE 1 — trente-trois

SÉQUENCE 2

1
Fais le tandem, p. 86 avec ton voisin / ta voisine.

2 ○ *Votre ou vos? Complète.* (→ Repères, p. 63/5)

1. Ce sont ___vos___ copines?

2. Où sont ___vos___ enfants?

3. C'est ___votre___ maison?

4. Ce sont ___vos___ amis?

5. ___Votre___ salle de bains est super!

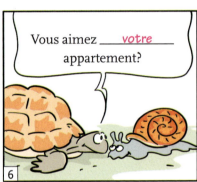
6. Vous aimez ___votre___ appartement?

3 ● *Complète. Utilise* ton, ta, tes, votre, vos. (→ Repères, p. 47/2, p. 63/5)

Tu parles avec Mme Gallet:

1. On regarde ___vos___ photos, Madame?
2. C'est ___votre___ sœur?
3. Ce sont ___vos___ enfants?
4. C'est ___votre___ chat?
5. C'est ___votre___ quartier?
6. Et là, vous êtes dans ___votre___ chambre?

Tu parles avec Tarik:

1. On regarde ___tes___ photos, Tarik?
2. C'est ___ta___ sœur?
3. Ce sont ___tes___ parents?
4. C'est ___ton___ chat?
5. C'est ___ton___ quartier?
6. Et là, tu es dans ___ta___ chambre?

4 Mets le dialogue dans l'ordre et écris-le dans ton cahier.

[2] – Oui, moi, je rentre, j'ai des devoirs.
[5] – Non, je fais un tour en ville.
[1] – Qu'est-ce que vous faites? Vous rentrez?
[3] – Moi aussi, je rentre, j'ai une interro de maths demain.
[4] – Et moi, je prépare une interro d'allemand. Et toi, tu ne travailles pas?

34 ___trente-quatre___

5 *Complète avec les formes du verbe* faire.
(→ Repères, p. 63/3)

Manon: Qu'est-ce que tu ___fais___ ?

Tarik: Je ___fais___ mes exercices d'allemand.

Manon: Oh, j'aime bien l'allemand.

Tarik: Moi, je n'aime pas l'allemand.

Manon: On ___fait___ les exercices ensemble?

Tarik: C'est super! Nous ___faisons___ les devoirs, et après, nous ___faisons___ un tour en ville.

Les deux amis ___font___ les exercices sur l'ordinateur. La mère de Manon arrive.

Mère: Vous ne ___faites___ pas vos devoirs?

Manon: Mais si, maman. On ___fait___ nos devoirs sur l'ordinateur.

DELF **6** *Complète.* Stell dir vor, was diese Personen sagen könnten.

(Qu'est-ce qu'elle a aujourd'hui?)

(Je ne sais pas ... Elle n'a pas le moral.)

(On fait un tour en ville?)

(Je ne peux pas, je rentre. J'ai une interro de maths demain.)

(Qu'est-ce qu'on fait? On va au cirque?)

(C'est nul, le cirque! C'est pour les bébés.)

SÉQUENCE 2 ___trente-cinq___

SÉQUENCE 3

1 *Complète.*

a leur *ou* leurs? (→ Repères, p. 63/5)

Pauline et David rangent ___leur___ chambre.

Antoine et Manuel cherchent ___leurs___ cassettes.

Les cinq amis aiment ___leur___ quartier.

Les professeurs discutent avec ___leurs___ élèves.

Les élèves rangent ___leurs___ livres.

Elles photographient ___leurs___ copines.

Paul et Annabelle jouent avec ___leurs___ copains.

b son, sa, ses? (→ Repères, p. 47/2)

David range ___sa___ chambre.

Antoine cherche ___ses___ livres.

Paul aime ___son___ quartier.

Le professeur discute avec ___ses___ élèves.

Manon range ___son___ livre.

Elle photographie ___sa___ correspondante.

Annabelle joue avec ___ses___ copines.

2 *Écris les numéros des pages de ton carnet jusqu'à 69 en toutes lettres.* (→ p. 141)

3 *Tu aimes ça? Réponds.* (→ Repères, p. 62/1)

Tu aimes le cinéma*?

Das kommt darauf an, Horrorfilme magst du nicht.

___Ça dépend. Je n'aime pas les films d'horreur.___

Tu aimes la boxe?

Du findest Boxen schrecklich.

___La boxe, c'est l'horreur.___

On joue sur l'ordinateur?

Du willst nicht und schlägst vor fernzusehen.

___Non, je ne veux pas. On regarde la télé?___

On fait un tour en ville?

Du kannst nicht: Morgen schreibt ihr eine Klassenarbeit in Englisch.

___Je ne peux pas. On a une interro d'anglais demain.___

Il y a un cirque en ville. J'ai des places pour samedi.

Du bist begeistert.

___C'est super! / C'est génial!___

Tu aimes le français?

À toi.

___(Non, pour moi, le français, c'est l'horreur. / Oui, j'aime bien le français.)___

*le cinéma der Film, das Kino

36 ___trente-six___ SÉQUENCE 3

La France en direct: Les étoiles du Rex

DELF **4** Schau dir das Plakat genau an und beantworte die Fragen. (→ Apprendre à apprendre, p. 35)

* Null = zéro

a Dies ist eine Werbung für
1. ☐ ein Geschäft 2. ☒ ein Kino 3. ☐ ein Buch

b Erstelle eine Liste aller Wörter, die du aus dem Deutschen oder Englischen ableiten kannst.

français	anglais	allemand
la star, la scène, le cinéma, la réservation, les coulisses, le groupe, les informations	the star, the scene, the cinema, the reservation, the group, the informations	der Star, die Szene, die Reservierung, die Kulissen, die Gruppe, die Informationen

c Du willst Plätze für dich und deine Klasse reservieren. Welche Nummer kannst du anrufen? Schreibe die Zahlen der Telefonnummer aus! (→ p. 141)

Le zéro – un – quatre – cinq – zéro – huit – neuf – trois – quatre – zéro ou cinq – huit

SÉQUENCE 3 — trente-sept

Bilan autocorrectif

1 Die Possessivbegleiter — Les déterminants possessifs

Tarik pose des questions et note les réponses dans son cahier. Continue.

les questions de Tarik et
les réponses de Paul et de Pauline:

– Vous faites __vos__ exercices ensemble?

– Mais oui, nous faisons toujours __nos__ exercices ensemble.

– Vous aimez _____ quartier?

– _____ quartier? Mais oui!

– Vous aimez _____ profs?

– _____ profs? Non, pas tellement.*

– Vous aimez _____ ville et _____ école?

– _____ ville, oui, mais _____ école pas toujours.

les notes de Tarik:

Ils font toujours __leurs__ exercices ensemble.

Paul et Pauline aiment _____ quartier.

Ils n'aiment pas _____ profs.

Ils aiment _____ ville, mais ils n'aiment pas toujours _____ école.

* pas tellement = nicht so sehr

2 Vocabulaire

Note les mots avec l'article défini.

1. _____
2. _____
3. _____
4. _____
5. _____
6. _____
7. _____
8. _____
9. _____

3 Qu'est-ce qu'on dit?

Welche Äußerungen passen zusammen? *Relie.*

On fait un tour en ville ce soir? ☐ 1
Tu n'aimes pas la boxe? ☐ 2
Qu'est-ce que tu fais demain? ☐ 3
Mais qu'est-ce que tu as? ☐ 4
Tu aimes le cirque? ☐ 5
Vous rentrez? ☐ 6

☐ a Ça dépend. Les clowns, oui.
☐ b Je travaille.
☐ c Non, je ne peux pas, j'ai des devoirs.
☐ d Oui, on fait nos devoirs.
☐ e Si, mais je préfère le foot.
☐ f Je ne sais pas, ça ne va pas bien.

Die Lösungen findest du auf S. 93.

UNITÉ 5 Le cadeau

Approches

1 *Trouve un maximum de lieux.* Finde so viele Orte wie möglich.
(→ Liste des mots, p. 165)

D	A	G	O	R	U	L	L	A	M	A	S	E	D	O	Y	C	O	N	E
I	M	A	R	C	H	É	I	A	U	X	K	P	U	C	E	S	N	N	E
D	A	L	E	R	I	C	O	R	D	E	R	I	A	M	B	N	N	A	I
V	A	E	R	I	G	O	O	D	E	S	I	S	T	A	O	E	N	T	E
C	E	R	E	M	O	N	I	E	S	E	T	F	I	P	U	A	T	T	E
A	C	I	N	É	M	A	T	O	G	R	A	É	C	O	L	E	O	M	E
D	I	E	S	I	S	T	E	I	N	T	E	X	T	S	A	H	A	H	A
A	U	S	U	P	E	R	M	A	R	C	H	É	M	T	N	O	M	P	N
I	C	H	F	R	A	G	E	D	I	C	H	W	A	E	G	F	I	L	S
C	O	L	L	È	G	E	U	N	D	Q	U	E	R	E	E	A	L	A	S
D	I	A	L	O	G	U	E	R	E	T	E	R	R	E	R	S	U	C	E
T	O	F	F	I	C	E	I	D	E	S	T	O	U	R	I	S	M	E	T
Q	U	A	R	T	I	E	R	S	O	N	G	I	E	S	E	L	A	M	E
G	U	Y	E	T	J	E	A	N	N	E	S	O	N	T	A	L	I	E	N
A	N	E	A	N	T	I	R	E	T	D	I	S	P	C	L	A	S	S	E
E	S	T	S	U	M	A	R	C	H	É	E	S	E	O	A	I	O	N	T
A	S	T	E	N	B	A	U	M	E	B	L	A	E	U	T	E	N	O	N
C	I	E	R	Q	U	I	E S	Z	L	A	V	O	R	L	I	E	R	E	

le marché aux puces

le cinéma

l'école

le supermarché

le collège

l'office de tourisme

le quartier

la classe

le marché

les Galeries Lafayette

la rue

la poste

la cour

la boulangerie

la maison

la place

2 ⭕ *Relie.*
(→ Repères, p. 78/2)

Les amis sont aux [a] — [1] office de tourisme.
M. Ardent est à la [b] — [2] cinéma.
Mme Pianta est à l' [c] — [3] poste.
Les parents de Pauline sont au [d] — [4] Galeries Lafayette.

3 ⚫ *Où est Manon? Réponds.*
Utilise à la, à l', au, aux *et un nom.*
(Manchmal sind mehrere Antworten möglich.)

1. Elle fait des courses.

Elle est aux Galeries Lafayette.

2. Elle fait ses exercices d'allemand.

Elle est à la maison. / à l'école.

3. Elle regarde un film avec son copain.

Elle est au cinéma. / à la maison.

4. Elle écoute son prof de géographie.

Elle est à l'école.

5. Elle parle avec la secrétaire.

Elle est au secrétariat.

6. Elle parle avec le documentaliste.

Elle est au CDI.

7. Elle mange avec les élèves.

Elle est à la cantine.

4  *Fais le double V, p. 87 avec ton voisin / ta voisine.*

Approches   trente-neuf   39

SÉQUENCE 1

1 *Trouve les mots. Écris les noms avec l'article indéfini un, une. (→ Liste des mots, p. 165)*

bousculer   une assiette

un défaut   trouver

tomber   un centime

un anniversaire   un marchand

2 *Écris en toutes lettres les numéros des pages de ton carnet jusqu'à la page 96.*

3 *Regarde les dessins et forme des phrases. Utilise* ne ... plus *et des formes de* manger, marcher, parler, rêver, travailler *et* trouver. *Écris dans ton cahier.*

Exemple: Elle ne trouve plus son porte-monnaie.

4 *Écris un poème avec le verbe* acheter.

Exemple: Jeannette achète une cassette.

Yvette et Paulette	Madame Gallet		assiette	télé	CD
Tarik et Manon	Pauline et René		disquette	bédé	chanson
	Aux Galeries Lafayette		carton	cahier	___

Aux Galeries Lafayette, nous achetons (une chanson).

Yvette et Paulette, elles achètent (des disquettes).

Madame Gallet, vous achetez (une télé)?

40   quarante   SÉQUENCE 1

Pauline et René, vous achetez (des bédés)?

Tarik et Manon, ils achètent (un carton).

Et toi, Jeannette, tu achètes (six assiettes).

5 *Raconte l'histoire en français.* Erzähle die Geschichte auf Französisch. (→ Repères, p. 78/1 / Texte, p. 70)

Paul ist mit seinen Freunden in den Galeries Lafayette.	Paul est aux Galeries Lafayette avec ses copains.
Er sucht etwas zum Geburtstag seiner Schwester.	Il cherche quelque chose pour l'anniversaire de sa sœur.
Manon will wissen, was Annabelle mag.	Manon: Qu'est-ce qu'elle aime?
Paul sagt, dass sie Comics, Fotografieren, Kino und Leonardo diCaprio mag.	Paul: Elle aime les bédés, la photo, le cinéma et Leonardo diCaprio.
Pauline schlägt vor, eine DVD mit L. diCaprio zu kaufen.	Pauline: Alors, on achète un DVD avec Leonardo diCaprio.
Paul fragt die Verkäuferin nach dem Preis.	Paul: Madame, s'il vous plaît, le DVD, il coûte combien?
Die DVD kostet einunddreißig Euro fünfzig.	Vendeuse: Il coûte/fait trente et un euros cinquante.
Valentin rät Paul es sein zu lassen, da es zu teuer sei.	Valentin: Laisse tomber, c'est trop cher.
Paul ist einverstanden, fragt sich jedoch, was er für seine Schwester kaufen soll.	Paul: D'accord. Mais alors, qu'est-ce que j'achète pour ma sœur?
Lucie hat eine Idee. Sie schlägt vor, die Comics anzuschauen.	Lucie: J'ai une idée. On regarde les bédés.
Paul findet das klasse. Er kauft einen Band mit Tim und Struppi.	Paul: Super/Génial! J'achète un album de Tintin.

SÉQUENCE 1   quarante et un

SÉQUENCE 2

DELF 1 *Corrige les phrases.* (→ Texte, p. 73)

1. Tarik a le moral: il a deux moitiés d'assiette et il n'a pas de dettes.

   Il n'a pas le moral: il a deux moitiés d'assiette et beaucoup de dettes.

2. Tarik a douze euros et ses copains ont six euros.

   Il n'a plus d'argent, mais ses copains ont encore six euros.

3. Lucie a une idée: elle achète un peu de farine et Tarik colle l'assiette.

   Elle a une idée: elle achète un tube de colle et Tarik colle l'assiette.

4. Pauline aussi a une idée: elle achète un gâteau et elle met le gâteau sur l'assiette.

   Pauline aussi a une idée: Tarik fait un gâteau et il met le gâteau sur l'assiette.

5. Paul n'a pas d'idées.

   Paul aussi a une idée: ils mettent des truffes au chocolat sur l'assiette.

6. Les cinq copains vont au marché et ils achètent un peu de beurre et une assiette.

   Ils vont au supermarché et ils achètent un peu de beurre, mais ils n'achètent pas d'assiette.

2 a *Forme les phrases. Utilise* beaucoup de *et* ne … pas de. (→ Repères, p. 79/3)

1. Elle a beaucoup de cadeaux, mais elle n'a pas d'amis.

2. Il a beaucoup d'amis, mais il n'a pas d'argent.

3. Il a beaucoup d'argent, mais il n'a pas de famille.

4. Elle a beaucoup de livres, mais elle n'a pas d'étagères.

5. Il a beaucoup de disquettes, mais il n'a pas d'ordinateur.

6. Elle a beaucoup de photos, mais elle n'a pas d'album.

b *Forme les phrases. Utilise* ne … plus de. (→ Repères, p. 79/3)

1. Il n'a plus d'argent.

2. Elle n'a plus de colle.

3. Elle n'a plus d'idées.

4. Elle n'a plus de stylo.

5. La vendeuse / Elle n'a plus de gâteau au chocolat.

6. Le marchand / Il n'a plus de poisson.

3 *Forme les phrases. Utilise le verbe* aller. (→ Repères, p. 79/4)

1. Tu vas à la cantine ? Non, je je vais au CDI.

2. Elle va au cinéma ? Non, elle va au cirque.

 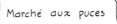

3. Vous allez aux Galeries Lafayette ? Non, nous allons au marché aux puces.

4. Ils vont à l'office de tourisme ? Non, ils vont à la poste.

4 *Le verbe* mettre. Das Verb mettre wird im Deutschen unterschiedlich übersetzt. Übersetze folgende Sätze ins Deutsche in dein Heft. Du kannst dazu auch ein Wörterbuch benutzen.

1. Je mets beaucoup de chocolat dans mon gâteau.
2. Annabelle met ses photos dans un carton.
3. Ils mettent les assiettes sur la table.
4. Mettez votre nom sur la liste, s'il vous plaît.

5. Je mets la télé.
6. Il met une lettre à la poste.
7. Elle met toujours des tee-shirts.
8. Mets les phrases au pluriel.

5 *Écris le dialogue.*

– Du sprichst mit deinem/deiner französischen Freund/in und fragst, was er/sie heute Abend macht.
– Er/Sie weiß es nicht.
– Du schlägst vor, gemeinsam ins Kino zu gehen.
– Er/Sie ist nicht einverstanden. Er/Sie hat nämlich kein Geld mehr.
– Du sagst, dass es nicht schlimm ist. Du hast noch 15 Euro.
– Er/Sie ist nicht einverstanden. Er/Sie hat viele Schulden.
– Du schlägst vor fernzusehen.
– Er/Sie ist einverstanden.

– Qu'est-ce que tu fais, ce soir?

– Je ne sais pas.

– On va au cinéma?

– Non (, je ne veux pas). Je n'ai plus d'argent.

– Allez, ce n'est pas la catastrophe. J'ai encore 15 euros.

– Je ne suis pas d'accord. J'ai beaucoup de dettes.

– On regarde la télé?

– D'accord!

SÉQUENCE 3

1 *Retrouve les noms. Écris-les avec l'article défini.* (→ Liste des mots, p. 168)

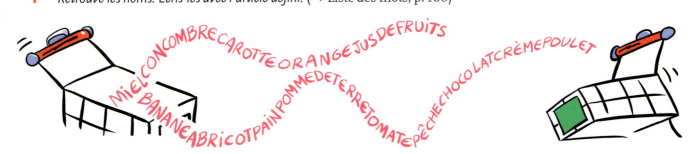

le miel, le concombre, la carotte, l'orange, le jus de fruits, la banane, l'abricot, le pain, la pomme de terre, la tomate, la pêche, le chocolat, la crème, le poulet

2 **a** *Relis le texte dans ton livre, p. 75. De quoi est-ce qu'il est question?* Wovon ist die Rede?
(→ Repères, p. 79/5)

1. Il est très grand.

→ le rayon «Bricolage»

2. Elle est très forte mais elle est trop chère.

→ la colle «kicol»

3. Est-ce qu'ils sont chauds?

→ les poulets

b *Forme des phrases. Utilise des adjectifs. Attention à l'accord des adjectifs.* Achte auf die Veränderlichkeit der Adjektive!

1. les filles
2. les bananes
3. Il
4. les frites
5. la souris
6. l'eau
7. la lampe
8. les rollers

1. Les filles sont grandes. 2. Les bananes sont (trop/très) chères. 3. Il est très fort. 4. Les frites sont (très/trop) chaudes. 5. La souris est petite. 6. L'eau est (très) froide. 7. La lampe est très chaude. 8. Les rollers sont (très/trop) chers.

3 Du bist mit deinen Eltern in Frankreich. Sie können kein Französisch und schicken dich einkaufen. Hier ist der Einkaufszettel. Was sagst du zum Verkäufer? (→ Repères, p. 79/3)

1 Kilo Tomaten
2 Gurken
1 Kilo Zwiebeln
1 Kilo Orangen
1 Kilo Pfirsiche
2 Paprikaschoten
1 Tafel Schokolade
1 Glas Honig
2 Flaschen Wasser
1 Brot
1 Hähnchen
1 Kilo Mehl

Bonjour, Monsieur. Je voudrais un kilo de tomates, s'il vous plaît, deux concombres, un kilo d'oignons, un kilo d'oranges, un kilo de pêches, deux poivrons, une tablette de chocolat, un pot de miel, deux bouteilles d'eau, un pain, un poulet et un kilo de farine.

Réviser: L'infinitif des verbes

4 *Qu'est-ce que David doit faire? Écris sa liste. Utilise l'infinitif des verbes.* Was muss David erledigen? Schreibe seine Liste auf. Achte auf die Possessivbegleiter!

1. Téléphone à mémé.
2. Va au supermarché.
3. Achète deux bouteilles de jus de fruits.
4. Prépare le dîner.
5. Mets les assiettes sur la table.
6. Range ta chambre.
7. Fais tes devoirs.

– téléphoner à mémé

– aller au supermarché

– acheter deux bouteilles de jus de fruits

– préparer le dîner

– mettre les assiettes sur la table

– ranger ma chambre

– faire mes devoirs

Bilan autocorrectif

1 **Der zusammengezogene Artikel mit der Präposition „à"** L'article contracté avec la préposition «à»

Où est Tarik? Réponds.

2 Conjugaison

Complète. Utilise les formes de acheter, aller, mettre.

1. Les copains _____ l'assiette dans le sac de Tarik.

2. Où est-ce que tu _____ ?

3. Je _____ au supermarché, et j'_____ deux pots de crème.

4. Tu _____ trop de beurre sur ton pain.

5. Nous _____ des fruits?

6. Vous _____ au supermarché?

7. Non, nous _____ au marché.

8. Vous _____ beaucoup de beurre dans les truffes au chocolat?

9. Non, mais on _____ beaucoup de crème.

Bilan autocorrectif _____quarante-sept_____ 47

3   Qu'est-ce qu'on dit?

Forme les phrases.

Du möchtest auf dem _____
Markt ein Kilo Äpfel.
Du fragst nach dem Preis. _____

Das ist dir zu teuer. _____

4   Wortschatz/Mengenangaben Vocabulaire / Les quantifiants

Les parents de Lucie font des courses. Qu'est-ce qu'ils achètent? Note.

Ils achètent _____
_____
_____
_____
_____
_____

5   Das Adjektiv L'adjectif

Mets les noms et les adjectifs à la forme qui convient. Bringe die Substantive und Adjektive in die passende Form.

1. Les _____ sont _____ . (éléphant / grand)

2. La _____ est trop _____ . (crème / froid)

3. Les _____ de ma copine sont _____ en maths. (sœur / fort)

4. Les _____ sont très _____ . (poulet / chaud)

5. Le _____ de ma grand-mère est _____ . (chien / petit)

6. Les _____ sont trop _____ , laisse tomber. (tomate / cher)

Die Lösungen findest du auf S. 94.

48   quarante-huit   **Bilan autocorrectif**

Mon premier portfolio de français

Mit deinem „premier portfolio de français" kannst du deine Französischkenntnisse in den Bereichen Hören, Sprechen, Lesen, Schreiben und Landeskunde feststellen und deine Fortschritte im Laufe des Jahres selbstständig überprüfen. Schlage dazu das Portfolio regelmäßig auf (z. B., wenn du ein „bilan autocorrectif" am Ende einer Unité abgeschlossen hast) und gehe die einzelnen Kästchen durch. (→ Blume)

Nom, prénom _____

Date de naissance _____

Adresse _____
_____

Nom de mon école _____

Adresse de mon école _____
_____

Classe _____ Année scolaire 20_____ – 20_____

Nom de mon professeur de français _____

Dans ma famille, on parle _____
_____

Avec mes amis, je parle _____
_____

Sprachen, die ich in der Grundschule gelernt habe
_____

Was ich über Frankreich weiß
_____
_____
_____
_____
_____
_____

j'écris et je sais / Ich schreibe und ich kann

- meinen Namen und meine Adresse auf einen Coupon eintragen
- einen Einkaufszettel schreiben
- eine Einladungskarte schreiben
- eine E-Mail schreiben
- das französische Alphabet mit den Sonderzeichen
- meinen Stundenplan aufschreiben
- ein Fax an das Fremdenverkehrsamt schreiben und Prospekte und Informationen über eine Stadt / eine Region anfordern

je lis et je sais / Ich lese und ich kann

- Wörter und kurze Sätze auf Plakaten oder in Zeitschriften verstehen
- in meinem Buch etwas nachschlagen
- ein Rezept verstehen

j'écoute et je sais / Ich höre und ich kann

- einen kurzen Dialog, ein Interview oder eine kurze Geschichte verstehen
- verstehen, wenn jemand über seine Pläne spricht
- Telefonnummern, Preise, die Uhrzeit verstehen
- Fragen über mich / meine Interessen / meine Familie / meine Freunde verstehen
- verstehen, wenn jemand über seine Schule spricht
- Arbeitsanweisungen verstehen
- ein Telefongespräch führen
- jemanden verstehen, der über seine Interessen spricht

la France et les Français / Frankreich und die Franzosen

- Ich habe etwas über Lyon und Umgebung erfahren.
- Ich kenne die Namen einiger französischer Persönlichkeiten und weiß, warum sie bekannt sind.
- Ich kann fragen, wo sich eine Stadt, ein Dorf, ein Viertel befindet.

je parle et je sais / Ich spreche und ich kann

- etwas zum Essen und Trinken bestellen
- sagen, was ich (nicht) mag
- jemanden nach seinem Namen/Wohnort/Befinden/ Hobbys und Interessen fragen
- sagen, dass ich Hunger/Durst habe
- ein kurzes Einkaufsgespräch auf dem Markt oder in der Bäckerei führen
- jemanden begrüßen
- sagen, wie es mir geht
- mich mit jemandem verabreden
- mich und meine Familie vorstellen
- mich verabschieden

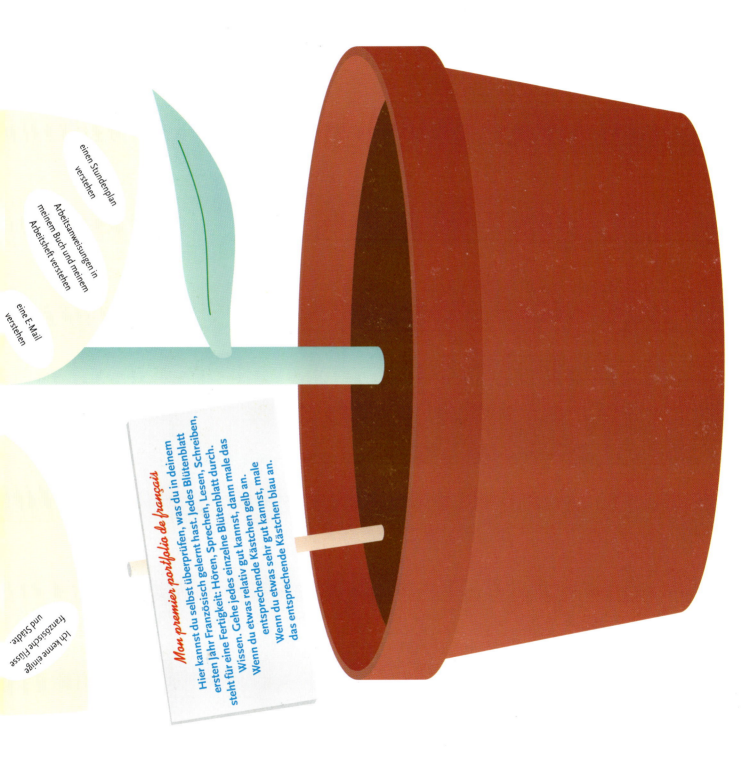

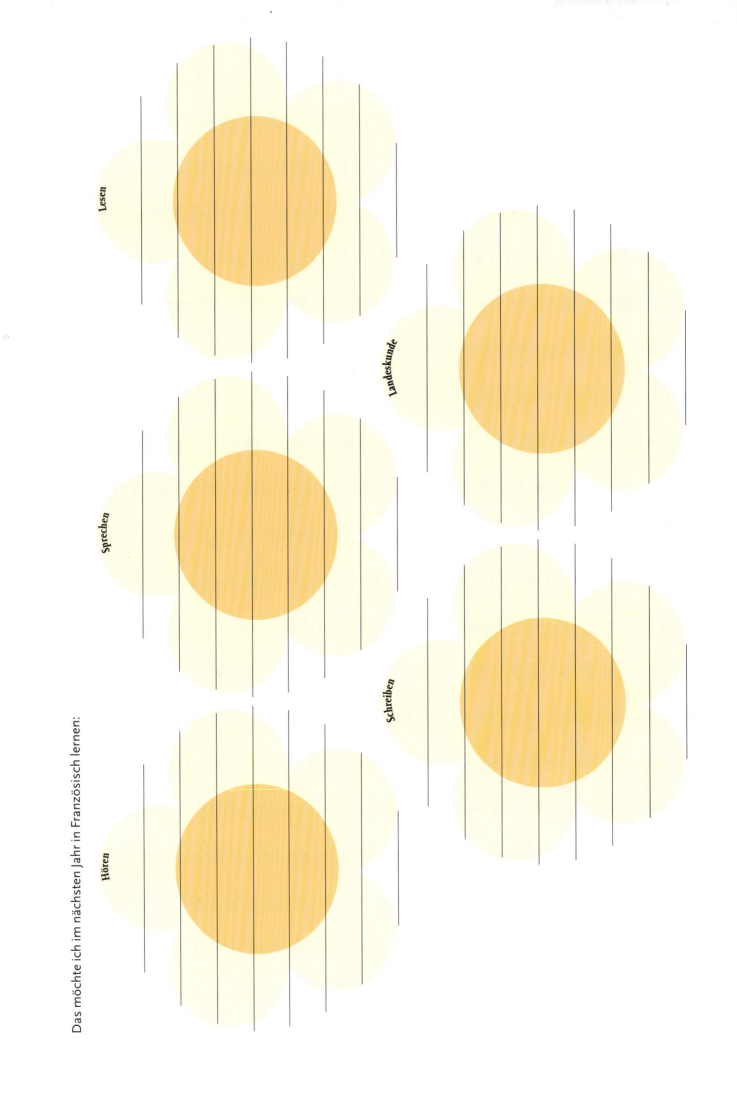

Approches

1 ○ *Relie.* (→ Repères, p. 94/7)

2 ● *Complète.* (→ Repères, p. 94/7)

en français		en allemand
midi dix		zehn nach zwölf
six heures et demie		halb sieben
onze heures moins le quart		viertel vor elf
sept heures moins dix		zehn vor sieben

Approches quarante-neuf 49

SÉQUENCE 1

1 *Complète.* (→ Texte, p. 85)

| à la piscine |
| après-midi |
| bonne   contente |
| cours   dessin |
| deux heures |
| emploi du temps |
| intéressants |
| jusqu'à   nulle |
| 11 à 12 |
| récréation |
| semaine |

Vendredi, c'est la fin de la ___semaine___ et Pauline est ___contente___. Elle regarde son ___emploi du temps___ : elle a cours ___jusqu'à___ cinq heures. Après la ___récréation___, elle a études dirigées. De ___11 à 12___, elle a un ___cours___ de maths. C'est l'horreur: elle est ___nulle___ en maths. L' ___après-midi___, elle a ___dessin___ : Les cours sont ___intéressants___. Après, elle a ___deux heures___ de sport. Super! Elle est très ___bonne___ et aujourd'hui, ils vont ___à la piscine___.

2 a *Lis la comptine.*
Lies den Reim.

Bonjour, Madame Lundi.
Comment va Madame Mardi?
Très bien, Madame Mercredi.
Dites¹ à Madame Jeudi
De venir² Vendredi
Danser Samedi
Dans la salle de Dimanche.

1 **dites** sagen Sie   2 **de venir** zu kommen

b *À toi. Exemple:* Bonjour, Monsieur Dimanche ...

Bonjour, *(Mademoiselle Jeudi.)*

(Comment va Monsieur Mardi?)

(Très mal, Madame Lundi.)

Dites à *(Monsieur Mercredi)*

De venir *(Dimanche)*

(Rêver Vendredi)

Dans *(l'appartement de Samedi.)*

3

Fais le double V, p. 88 avec ton voisin / ta voisine.

50 ___cinquante___   SÉQUENCE 1

4 *Imagine comment ils sont. Écris six phrases dans ton cahier. Utilise* (assez/très) *et une forme de* bon / nul / fort en / sympa / intéressant. *Ton/Ta voisin/e trouve s'il s'agit d'une fille ou d'un garçon.* Dein/e Nachbar/in findet heraus, ob es sich um ein Mädchen oder einen Jungen handelt. (→ Repères, p. 93/2)

Exemple:
Dominique est assez fort en français.
Dominique ___ .

DELF **5** *Réponds aux questions de ton/ta correspondant/e.*

1. Vous avez cours jusqu'à quelle heure le vendredi*?

   Nous avons cours jusqu'à (une heure et demie).

2. Nous avons deux heures de technologie. Et vous?

   Nous avons (trois) heures de technologie.

3. En Allemagne, on a cours le samedi*?

   (Non, on n'a pas cours le samedi.)

4. Vous avez aussi un CDI?

   Non, nous n'avons pas de CDI.

5. Est-ce qu'il y a une cantine dans votre collège?

   Non, dans notre collège, il n'y a pas de cantine.

6. Est-ce que vous avez aussi des clubs?

   Oui, nous avons aussi des clubs.

** **le vendredi, le samedi** freitags, samstags*

6 a *Pose les questions en français. Utilise:* Jusqu'à quelle heure est-ce que / À quelle heure est-ce que.

Du willst von deinem/deiner Brieffreund/in wissen,

1. wie lange er/sie Unterricht hat.

   Jusqu'à quelle heure est-ce que tu as cours?

2. wie lange er/sie fernsieht.

   Jusqu'à quelle heure est-ce que tu regardes la télé?

3. um wie viel Uhr er/sie isst.

   À quelle heure est-ce que tu manges?

4. wie lange seine/ihre Eltern arbeiten.

   Jusqu'à quelle heure est-ce que tes parents travaillent?

5. um wie viel Uhr er/sie zur Schule geht.

   À quelle heure est-ce que tu vas à l'école?

b Dein/e Brieffreund/in will es auch von dir erfahren. *Réponds aux questions de* **a**.

1. J'ai cours jusqu'à (quatre ou cinq heures).

2. Je regarde la télé jusqu'à (neuf heures).

3. Je mange à (huit heures).

4. Mes parents travaillent jusqu'à (six ou sept heures).

5. Je vais à l'école à (sept heures et demie).

DELF 7 *Remplis l'emploi du temps de tes rêves et explique ton choix.* Fülle deinen Traumstundenplan aus und erkläre deine Wahl. *Écris dans ton cahier.*

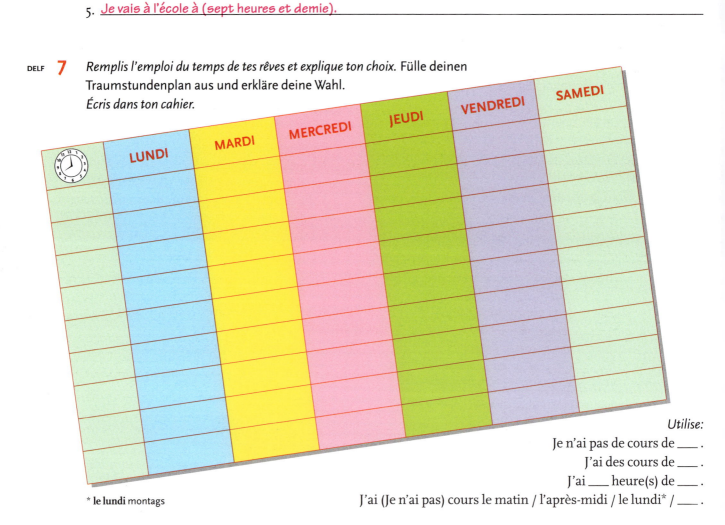

Utilise:
Je n'ai pas de cours de ___ .
J'ai des cours de ___ .
J'ai ___ heure(s) de ___ .
J'ai (Je n'ai pas) cours le matin / l'après-midi / le lundi* / ___ .

* **le lundi** montags

▌▌▌▌▌▌ La France en direct: À la poste

DELF 8 1. Es ist Samstag, du willst zur Post. Bis wann musst du spätestens dort sein?

Jusqu'à onze heures cinquante-neuf.

2. Wie sagt man „Öffnungszeiten" auf Französisch?

heures d'ouverture

3. Was heißt „fermeture"? Welches Verb derselben Wortfamilie kennst du schon?

Schließung – fermer

52 cinquante-deux SÉQUENCE 1

SÉQUENCE 2

1 *Trouve les mots qui vont ensemble et utilise-les dans des phrases.* (→ Liste des mots, p. 173)

> rentrer   question   boulangerie   cigale   tard   mémoire   fourmi
> cahier de textes   répondre   pain au chocolat   noter   éléphant

«La Cigale et la Fourmi» est une fable de La Fontaine. (Répondez à la question. Ils achètent des pains au chocolat à la boulangerie. Mon père rentre très tard. Tu as une mémoire d'éléphant. Je note mes devoirs dans mon cahier de textes.)

2 *Trouve les questions. Utilise:* à quelle heure est-ce que, quand est-ce que *ou* qu'est-ce que.

1. – Qu'est-ce que tu fais?
   – Je range ma chambre et après je regarde la télé.

2. – Quand est-ce qu'ils rentrent?
   – Ils rentrent samedi après-midi.

3. – Quand est-ce que vous avez sport? / À quelle heure est-ce que vous avez sport le mardi?
   – On a sport le mardi de 10 à 12.

4. – Qu'est-ce qu'il a?
   – Il n'a pas le moral.

5. – À quelle heure est-ce que tu as maths?
   – J'ai maths à 11 heures.

6. – Quand est-ce que vous allez à la piscine?
   – On va à la piscine le lundi et le samedi.

3 **a** ○ *Traduis en allemand.*

1. Le lundi, Paul a cours jusqu'à quatre heures.

   Montags hat Paul bis vier Uhr Unterricht.

2. Lundi, Paul ne va pas à l'école.

   Am Montag geht Paul nicht in die Schule.

3. Mardi, je vais au cinéma avec mon copain.

   Am Dienstag gehe ich mit meinem Freund ins Kino.

4. Le mardi, mon copain va au cinéma.

   Dienstags geht mein Freund ins Kino.

b ● *Traduis en français.*

1. Samstags geht Pauline nicht in die Schule. Am Samstag geht sie zu ihrer Freundin.

Le samedi, Pauline ne va pas à l'école. Samedi, elle va chez son amie.

2. Donnerstags haben die Schüler immer Deutschunterricht. Aber am Donnerstag ist ihr Lehrer nicht da.

Le jeudi, les élèves ont toujours allemand. Mais jeudi, leur professeur n'est pas là.

3. Am Freitag geht Lucie mit ihrer Schwester einkaufen. Freitags kauft ihre Schwester immer ein.

Vendredi, Lucie fait les courses avec sa sœur. Le vendredi, sa sœur fait toujours les courses.

4. Sonntags gibt es einen Film im Fernsehen. Am Sonntag sehe ich nicht fern.

Le dimanche, il y a un film à la télé. Dimanche, je ne regarde pas la télé.

4 *Fais une fiche pour le verbe attendre.* (→ Apprendre à apprendre, p. 50; Les verbes, p. 142)

DELF 5 *Imagine et complète.*

SÉQUENCE 3

DELF 1 *C'est vrai ou faux ? Corrige les phrases fausses.* (→ Texte, p. 90)

	vrai	faux
1. Valentin va au collège à pied parce qu'il est en avance.	X	
2. Il n'est pas content parce que Tarik et Manon vont au cinéma ensemble.		X
3. Valentin est bon en maths, mais il est nul en allemand.		X
4. Valentin attend la récréation parce qu'il n'aime pas l'allemand.		X
5. À la cantine, il est triste parce qu'il a un 18 en allemand.		X
6. Pour Manon, Valentin n'est pas intelligent.		X
7. Pour Lucie, Valentin comprend tout très vite.	X	

2. Il n'est pas content parce qu'ils travaillent ensemble.

3. Il est bon en maths et il est bon en allemand aussi.

4. Il attend la récréation parce qu'il n'a pas le moral.

5. Il est triste, parce que Tarik et Manon mangent ensemble.

6. Pour Manon et les autres, c'est un «intello».

2 a *Trouve les contraires et note-les.* (→ Liste alphabétique, p. 191)

> être en retard   bon/ne   être en avance   avant   content/e   trop
> un peu   pas assez   triste   après   beaucoup   nul/le

être en retard ≠ être en avance; bon/ne ≠ nul/le; avant ≠ après; content/e ≠ triste; trop ≠ pas assez;

un peu ≠ beaucoup

b *Écris dans ton cahier une histoire avec des mots de* **a** *.*

3 a ○ *Complète.* (→ Repères, p. 94/5)

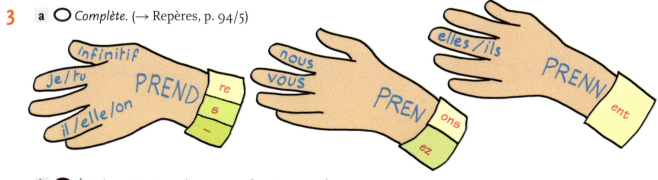

b ● *Écris la conjugaison de* comprendre *et* apprendre.

je comprends   j'apprends   nous comprenons   nous apprenons

tu comprends   tu apprends   vous comprenez   vous apprenez

il/elle/on comprend   il/elle/on apprend   ils/elles comprennent   ils/elles apprennent

4 *Dessine dans ton cahier des mots-images avec cinq verbes.* (→ Carnet, p. 26/7)

aller   noter   aimer   sonner   écouter   comprendre
jouer   coûter   attendre   continuer   deviner   habiter

5 a *Qu'est-ce que Lucie va faire demain? Raconte dans ton cahier sa journée au futur composé* (→ Repères, p. 94/6)

Exemple: 1. À 6 heures et demie, son réveil va sonner.

1. réveil / sonner
2. aller / salle de bains
3. attendre / bus
4. arriver / collège
5. discuter / Tarik
6. manger / cantine
7. aller / club-photo
8. rentrer / maison
9. faire / devoirs
10. jouer sur l'ordinateur
11. téléphoner à sa copine
12. aller / lit

b *Réponds aux questions. Utilise* ne ... pas.

1. Est-ce qu'elle va aller à la piscine?

Non, elle ne va pas aller à la piscine.

2. Est-ce qu'elle va préparer son interro d'anglais?

Non, elle ne va pas préparer son interro d'anglais.

3. Est-ce qu'elle va ranger sa chambre?

Non, elle ne va pas ranger sa chambre.

4. Est-ce qu'elle va faire les courses?

Non, elle ne va pas faire les courses.

6 *Qu'est-ce qui va ensemble ? Relie. Il y a une phrase en trop. Traduis-la dans ton cahier.* (→ Repères, p. 93/1)

Sagen, dass jemand schon wieder zu spät ankommt.	1	a	Le temps passe vite.
Jemandem die Schuld geben.	2	b	Pourquoi (est-ce que tu es triste) ?
Sagen, dass die Zeit schnell vergeht.	3	c	Je ne comprends pas.
Einen Grund angeben.	4	d	Ce n'est pas ta faute.
Nach einem Grund fragen.	5	e	Parce que (j'ai un cinq en maths).
Du verstehst etwas nicht.	6	f	C'est ta faute !
Jemanden trösten.	7	g	Ton devoir est très bon.
Jemanden loben.	8	h	Tu es encore en retard !
		i	Qu'est-ce que je vais faire, moi ?

7 *Imagine les questions et les réponses et écris quatre mini-dialogues dans ton cahier. Utilise* pourquoi est-ce que *et* parce que. (→ Repères, p. 93/3/4)

Apprendre à apprendre (→ p. 97/9)

8 Nicht nur Bilder können dir helfen einen Text zu verstehen. Viele unbekannte Wörter kannst du verstehen, weil du schon ein oder mehrere Wörter aus derselben Wortfamilie kennst, wie zum Beispiel la photo, photographier. *Complète avec les mots de la même famille.* Vervollständige mit den Wörtern aus derselben Wortfamilie, die du schon kennst.

noms	verbes	noms	verbes
une réponse	répondre	le jeu	jouer
un rêve	rêver	la danse	danser
un réveil	réveiller qn	le dessin	dessiner
l'amour	aimer qn/qc	la chanson	chanter

SÉQUENCE 3 — cinquante-sept — 57

Bilan autocorrectif

1 Die Uhrzeit L'heure

Lis et écris l'heure.

– Lucie, il est quelle heure?

– Il est _____ .

– Mais non! Regarde, il est

_____ .

– À quelle heure est-ce que nous allons au cinéma?

– Le film est à _____ .

– Alors, on a le temps. Manuel arrive à

_____ .

Ensuite, on prend le bus à

_____ .

2 Conjugaison

a *Écris les formes de* répondre.

singulier _____ _____ _____

pluriel _____ _____ _____

b *Trouve les verbes et complète.*

Nous _____ le bus, mais il n'arrive pas.

Nous _____ une fable de La Fontaine.

c *Mets les phrases de* **b** *à la 3ᵉ personne du pluriel.*

_____
_____
_____

3 Qu'est-ce qu'on dit?

Du bist bei deinem Brieffreund / deiner Brieffreundin. Ab morgen geht ihr gemeinsam in die Schule.

Du fragst ihn/sie, wie lange er/sie am nächsten Tag Unterricht hat.

_____

Du fragst, um wie viel Uhr ihr den Bus nehmen sollt.

_____

Du willst wissen, wann er/sie Deutschunterricht hat.

_____

Du fragst, ob er/sie samstags Unterricht hat.

_____

4 Das futur composé Le futur composé

Qu'est-ce qu'ils vont faire? Qu'est-ce qu'ils ne vont pas faire? Forme les phrases au futur composé.

1. Tarik / ~~aller à pied au collège~~ / prendre le bus

   _____

2. Lucie / ~~manger à la cantine~~ / manger à la maison

   _____

3. Paul et Pauline / ~~rentrer à la maison~~ / faire un tour en ville

   _____

4. Nous / ~~jouer sur notre ordinateur~~ / préparer l'interro de français.

   _____

5 Die Adjektive Les adjectifs

Complète.

1. Elle est _____.

2. Il est petit mais elles sont _____.

3. Les bananes sont _____.

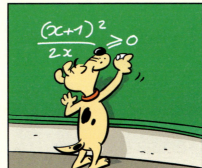

4. Il est _____.

5. Le chien est très _____.

6. Ils sont _____ en danse.

Die Lösungen findest du auf S. 95.

UNITÉ 7 Lyon, notre ville: un dossier

Approches

1 a *Relis le texte p. 100 et note les informations.*

LYON

Wer kommt aus Lyon?	Was ist typisch?	Was kann man besichtigen?
André-Marie Ampère	la soie	les parcs
les frères Lumière	les canuts	le parc de la Tête d'or
Bertrand Tavernier	la chimie	le Jardin des plantes
Paul Bocuse	le cinéma	les collines
Antoine de Saint-Exupéry	Guignol	

b Ergänze mit den Informationen, die du in deinem Buch finden kannst. (→ p. 17)

2 *Décris les photos.* Beschreibe die Fotos. *Utilise* du / de la / de l' / des. (→ Repères, p. 110/2)

1 ville de Lyon

Voilà une photo de Lyon / de la ville de Lyon.

2 Gros Caillou

Voilà une photo du Gros Caillou.

3 place des Terreaux

Voilà une photo de la place des Terreaux.

4 quais¹ de la Saône

Voilà une photo des quais de la Saône.

5 marché de la Croix-Rousse

Voilà une photo du marché de la Croix-Rousse.

6 école St-Exupéry

Voilà une photo de l'école Saint-Exupéry.

7 colline de la Croix-Rousse

Voilà une photo de la colline de la Croix-Rousse.

8 aéroport² de Lyon

Voilà une photo de l'aéroport de Lyon.

1 **les quais** *m.* die Ufer 2 **l'aéroport** *m.* der Flughafen

SÉQUENCE 1

DELF 1 a *Regarde le plan et note les numéros des phrases.*

- ⑤ Les policiers arrivent sur la place Chardonnet.
- ③ Fantômas sort de l'immeuble au 29 de la rue Imbert.
- ① Fantômas est place Colbert.
- ⑧ Fantômas entre au n° 8 de la rue René-Leynaud.
- ④ Fantômas entre dans une traboule de la rue Imbert.
- ⑥ Fantômas sort d'un immeuble rue René-Leynaud.
- ② Fantômas et les policiers sont dans l'allée n° 9.
- ⑦ Les policiers retrouvent Fantômas rue René-Leynaud.

b Trage die Route von Fantômas und die der Polizisten im Plan ein.

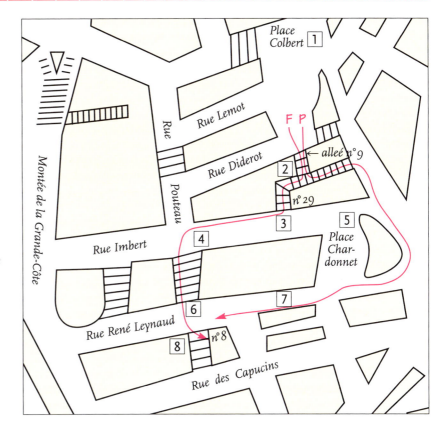

2 a *Onze noms se cachent dans la grille. Retrouve-les et écris-les avec l'article indéfini un/une. Les lettres qui restent donnent un message.* Elf Nomen sind im Raster versteckt. Finde sie wieder und schreibe sie mit dem unbestimmten Artikel auf. Die übrigen Buchstaben ergeben eine Nachricht.
(→ *Liste des mots, p. 177*)

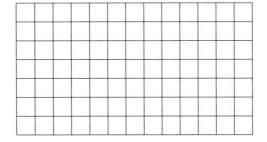

un immeuble, une tête, un plan, un policier, une vie, une allée, un bandit, une place, une rue, un chef,

un imbécile

Le message:

Fantômas sort de la

traboule numéro dix.

b À toi. Cache des mots et un message dans la grille.

3 ⚪ *Complète avec les formes du verbe* sortir *et du, de la, de l', des.* (→ *Repères, p. 110/2, 111/3*)

Je __sors__ de __la__ cantine.   Nous __sortons du__ cinéma.

Tu __sors des__ Galeries Lafayette.   Vous __sortez du__ CDI.

Elle __sort de la__ classe.   Ils __sortent de l'__ école.

SÉQUENCE 1 — soixante et un — 61

4 ● *Complète avec les formes d'entrer au / à la /à l'/ aux et de sortir du / de la / de l'/ des.*
(→ *Repères*, p. 110/2, III/3)

1. 🕘 / Paul / Galeries Lafayette / 🕘

À neuf heures, Paul entre aux Galeries Lafayette. À dix heures moins le quart, il sort des Galeries.

2. 🕙 / tu / CDI / 🕥

À dix heures, tu entres au CDI. À dix heures et demie, tu sors du CDI.

3. 🕥 / Pauline / Jardin des plantes / 🕛

À onze heures moins le quart, Pauline entre au Jardin des plantes. À midi, elle sort du Jardin des plantes.

4. 🕛 / nous / cantine / 🕐

À midi et quart, nous entrons à la cantine. À une heure moins vingt-cinq, nous sortons de la cantine.

5. 🕗 / vous / école / 🕓

À huit heures, vous entrez à l'école. À quatre/seize heures, vous sortez de l'école.

5 *Décris les dessins. Utilise des formes de* arriver, partir, entrer *ou* sortir.

1. Le chat entre dans la chambre.

2. La souris sort de la cuisine.

3. Les enfants arrivent à l'école.

4. Les amis partent (de Lyon).

5. Les copains sortent du cinéma.

6. Les copains entrent au café.

6 ○ Unterstreiche die Nomen, die durch die direkten Objektpronomen ersetzt werden.
(→ Repères, p. III/4)

1. <u>Les policiers</u> n'aiment pas Fantômas, mais Fantômas les adore!
2. Les policiers cherchent <u>Fantômas</u> dans l'immeuble, mais ils ne le trouvent pas.
3. Un policier cherche <u>le plan</u> des traboules, mais il ne l'a pas sur lui.
4. Fantômas cherche <u>la rue</u> Imbert et il la trouve très vite.

7 ● **a** *Léa et Léo sont très différents. Décris-les et utilise les pronoms compléments d'objet direct* le, la, l', les.

1. aimer   2. regarder   3. ranger

4. faire   5. adorer / détester   6. comprendre

1. Prenez les albums de Titeuf. <u>Léa les aime, mais Léo ne les aime pas.</u>
2. Prenez le foot à la télé. <u>Léa le regarde, mais Léo ne le regarde pas.</u>
3. Prenez la chambre. <u>Léo la range, mais Léa ne la range pas.</u>
4. Prenez les courses. <u>Léa les fait, mais Léo ne les fait pas.</u>
5. Prenez le chocolat. <u>Léo l'adore, mais Léa le déteste.</u>
6. Prenez le problème de maths. <u>Léo le comprend, mais Léa ne le comprend pas.</u>

b *Trouve encore quatre phrases comme en* **a** . *Écris-les dans ton cahier.*

8

Fais le tandem, p. 89 avec ton voisin / ta voisine.

9 Wer könnte welchen Satz in welcher Situation sagen? Du kannst auf Deutsch antworten. Wähle eine Situation und schreibe einen kurzen Dialog in dein Heft.

1. Ce n'est pas ma faute.
2. Sortons vite!
3. C'est ça, la vie.
4. Je déteste ça!

SÉQUENCE 1   <u>soixante-trois</u>

SÉQUENCE 2

1 *Relis le texte, p. 105, remets les phrases dans l'ordre et trouve le mot-clé.* Finde das Schlüsselwort.

- [3] [I] L'huissier dit: «Sortez d'ici avec vos enfants!»
- [6] [O] Le Bon Dieu arrive.
- [1] [C] Le canut et sa femme ont des dettes.
- [4] [L] Le canut et sa famille n'ont plus de maison.
- [7] [U] Le cœur de l'huissier tombe à ses pieds.
- [5] [L] Le canut et sa famille ont toujours faim et maintenant ils ont froid.
- [2] [A] Jean Tourmente va chez le canut et sa femme.

[C][A][I][L][L][O][U]

2 a *Souligne les intrus.*

le pont	la légende	le fils	<u>le foot</u>
la place	<u>la promenade</u>	la mère	le pied
le quai	l'histoire	le père	le muscle
<u>le cinéma</u>	le texte	<u>l'homme</u>	le cœur

b *Trouve des intrus pour tes camarades.* Bilde noch zwei solcher Reihen für deine Mitschüler/innen.

3 a *Complète le tableau.* (→ Les verbes, p. 142)

	être	faire	dire
je	suis	fais	dis
tu	es	fais	dis
il/elle/on	est	fait	dit
nous	sommes	faisons	disons
vous	êtes	faites	dites
ils/elles	sont	font	disent

b Was fällt dir bei der 2. Person Plural auf?

Die Endung ist gleich: -tes.

c *Forme des phrases avec les verbes* être, faire, dire *à la 2ᵉ personne du pluriel et* «Bonjour!», en retard, un exercice, en France, «Pardon!», des truffes au chocolat.

1. Vous êtes en France, vous dites «Bonjour!».

2. Vous êtes en retard et vous ne dites pas «Pardon!»?

3. Vous faites des truffes au chocolat.

4. Vous faites un exercice de grammaire.

4 **a** ⚪ *Complète. Utilise* me/m', te/t'. (→ Repères, p. III/4)

- Il __m'__ aime?
- Il __m'__ attend?
- Il __me__ comprend?
- Oui, il __t'__ aime.
- Oui, il __t'__ attend.
- Oui, il __te__ comprend.

b *Transforme le texte et écris-le dans ton cahier.* Forme den Text um. *Utilise* nous, vous.

5 ⚫ *Complète. Utilise* me/m', te/t', nous, vous. (→ Repères, p. III/4)

1. Luc, on __te__ retrouve à midi. D'accord? — Oui, vous __m'__ attendez devant la cantine.
2. Tes copains, ça __te__ regarde mais ça __nous__ regarde aussi!
3. Est-ce qu'elle __m'__ aime?
4. L'histoire, ça __t'__ intéresse? — Oh non, ça ne __m'__ intéresse pas beaucoup.
5. Vous __me__ comprenez? — Oui, chef, on __vous__ comprend.
6. Je __vous__ attends à la poste.

6 **a** *Trouve le contraire des mots suivants.*

demander ≠	arriver ≠	entrer ≠	adorer qc ≠
répondre	partir	sortir	détester qc

triste ≠	gentil/le* ≠	avoir chaud ≠
content/e	méchant/e	avoir froid

* **gentil, gentille** nett

b *Écris dans ton cahier une histoire avec des mots de* **a**.

SÉQUENCE 3

1 *Complète.* (→ Liste des mots, p. 180)

À Lyon, il y a le ⟦1⟧ de Guignol.
Mon correspondant arrive aujourd'hui.
Je vais l'attendre à la ⟦2⟧.
Les élèves font une ⟦3⟧ pour leur dossier.
Il y a beaucoup de ⟦4⟧ dans la rue le samedi.
Tu préfères la ville ou la ⟦5⟧ ?
Il est vendeur dans un ⟦6⟧.
Ils prennent un coca dans un ⟦7⟧.
Au ⟦8⟧ des frères Lumière, on apprend quelque chose sur l'histoire du cinéma.
Je vais toujours au Jardin des plantes parce que j'adore les ⟦9⟧.
Pour l'anniversaire de ma mère, on va manger au ⟦10⟧.
Quand il fait chaud, il y a beaucoup de monde à la ⟦11⟧ des cafés.

Crossword answers: 5 CAMPAGNE, 1 THÉÂTRE, 7 CAFÉ, 6 MAGASIN, 8 MUSÉE, 3 INTERVIEW, 4 GENS, 9 FLEURS, 10 RESTAURANT, 11 TERRASSE

2 *Relie et écris les phrases dans ton cahier.*

Quand l'homme est à Lyon, ⟦1⟧ — a il va aux Galeries Lafayette.
Quand son réveil ne sonne pas à l'heure, ⟦2⟧ — b ses copains l'écoutent.
Quand ils ont le temps, ⟦3⟧ — c elle respire.
Quand la femme est à la campagne, ⟦4⟧ — d elle arrive en retard à l'école.
Quand mon frère fait des courses, ⟦5⟧ — e ils prennent le bus à huit heures et quart.
Quand Paul raconte une légende, ⟦6⟧ — f ils font un tour en ville.
Quand les élèves ont cours à neuf heures, ⟦7⟧ — g il mange au restaurant.

3 *Complète les phrases par des formes du verbe* venir *ou* aller. (→ Repères, p. 111/3)

1. Je __vais__ au cinéma. Tu __viens__ avec moi ?
2. Alors, vous __venez__ ? Le bus va partir !
3. Quand est-ce que ton correspondant __vient__ à Lyon ?
4. Tu prends le bus avec moi ou tu __vas__ au collège à pied ?
5. Je __viens__ à deux heures et on __va__ en ville, d'accord ?

4 ○ *Note l'infinitif des verbes et leurs compléments.* (→ Repères, p. 111/5, Liste alphabétique, p. 191)

1. Valentin dit bonjour aux gens. — *dire qc à qn*
2. Tarik parle à une dame. — *parler à qn*
3. Lucie demande l'heure à un monsieur. — *demander qc à qn*
4. Pauline pose une question à une jeune femme. — *poser une question à qn*
5. La jeune femme répond à Pauline. — *répondre à qn*
6. Valentin raconte la légende du Gros Caillou à des jeunes de Paris. — *raconter qc à qn*

66 soixante-six — SÉQUENCE 3

5 ● *Traduis les phrases.* (→ Repères, p. III/5, Liste alphabétique, p. 191)

1. <u>Dis «merci» à la dame.</u>

2. <u>Qu'est-ce que tu vas demander au professeur?</u>

3. <u>Je ne sais pas ... Pose la question à Max.</u>

4. <u>Raconte l'histoire à tes amis.</u>

5. <u>Tu parles trop aux gens!</u>

6. <u>Qu'est-ce que tu vas dire à tes parents?</u>

6 **Kennst du Lyon?**

a *Coche la bonne réponse.* Kreuze die richtige Antwort an. (→ Dictionnaire de civilisation, p. 144)

1. À Lyon, il y a
   ☐ la Seine.
   ☒ la Saône.
   ☐ la Garonne.

2. La «Tête d'Or» est
   ☐ un marché.
   ☒ un parc.
   ☐ une colline.

3. Louis Lumière est le «père»
   ☐ de la chimie.
   ☒ du cinéma.
   ☐ de Guignol.

4. Un canut est
   ☐ un gâteau.
   ☒ un homme.
   ☐ une maison.

5. Une traboule est
   ☒ un passage* entre deux immeubles.
   ☐ un pain.
   ☐ une chanson.

b *Continue pour tes camarades.*
(→ Dictionnaire de civilisation, p. 144)

6. <u>(La Croix-Rousse est</u>
   ☐ <u>une rue.</u>
   ☐ <u>un musée.</u>
   ☒ <u>un quartier de Lyon.)</u>

*__le passage__ der Durchgang

Bilan autocorrectif

1 Der zusammengezogene Artikel mit „de" L'article contracté avec «de»

Complète. Utilise du, de la, de l', des.

Voilà les élèves _____ sixième D. C'est la sixième _____ collège Clément Marot. Le collège est en face

_____ école _____ frère de Pauline. L'école est près _____ Galeries Lafayette.

2 Das direkte und indirekte Objekt Le complément d'objet direct et indirect

Souligne en bleu le complément d'objet direct et en vert le complément d'objet indirect.
Unterstreiche in Blau das direkte und in Grün das indirekte Objekt.

1. – Lucie, je ne trouve pas mon atlas. Où est-ce qu'il est?

   – Je ne sais pas. Demande à Antoine …

2. – Qu'est-ce que tu fais?

   – Je montre des photos à mes copains.

3. – Madame, je cherche la rue Pasteur.

   – Euh … Attends, je vais demander au policier.

4. – Qu'est-ce qu'il y a? Tu ne viens pas?

   – J'attends Léa. Elle parle au prof de maths.

3 Qu'est-ce qu'on dit?

Forme les phrases.

1. Du fragst deinen Freund / deine Freundin, ob er/sie auf dich wartet:

   _____

2. Dein/e Freund/in stellt dir eine Frage, die du nicht beantworten willst. Du sagst, dass das ihn/sie nichts angeht.

   _____

3. Jemand möchte wissen, ob du dein Stadtviertel liebst. Du fragst zurück, was das heißt.

   _____

Die Lösungen findest du auf S. 96.

4 Das direkte Objektpronomen — Le pronom d'objet direct

a *Complète. Utilise le pronom d'objet direct* le, la, les, l'.

Paul achète des pains au chocolat et il _____ mange avec Pauline.

Les correspondants cherchent la boulangerie et ils _____ trouvent vite.

Mme Gallet cherche le plan de Lyon. Elle _____ trouve sur la table de Paul.

Paul raconte la légende du Gros Caillou parce qu'il _____ aime bien.

b *Complète. Utilise les pronoms d'objet direct.*

Tu _____ photographies?

Tu _____ attends?

Bon, je _____ attends, d'accord.

Vous _____ écoutez?

Oui, Monsieur, nous _____ écoutons!

Pourquoi est-ce que vous _____ détestez?

Mais nous _____ adorons!

c *Mets les phrases à la forme négative.* Verneine die Sätze.

1. Ça m'intéresse. _____

2. Il nous regarde. _____

5 Conjugaison

Mets les phrases au pluriel ou au singulier.

1. Qu'est-ce que tu dis?
2. Tu pars déjà?
3. Je ne dis pas cela.
4. Quand est-ce qu'il vient?
5. Aujourd'hui, nous sortons à cinq heures.
6. Alors, vous venez?

Bilan autocorrectif _____ *soixante-neuf*

UNITÉ Supplémentaire à la carte

SÉQUENCE SUPPLÉMENTAIRE 1 facultatif

1 *Complète les phrases avec les onze mots de la grille. Les lettres qui restent donnent un message.* Die übrigen Buchstaben ergeben eine Nachricht. (→ Liste des mots, p. 182)

N	O	M	O	N	T	A	G	N	E	U	S
F	R	O	N	T	I	È	R	E	A	D	O
R	T	U	N	N	E	L	O	N	S	L	E
M	E	R	S	A	S	O	L	E	I	L	V
E	N	R	É	G	I	O	N	T	U	R	E
S	T	O	U	R	I	S	T	E	S	D	A
C	A	P	I	T	A	L	E	S	T	É	R
I	X	P	L	A	G	E	L	E	G	A	U
P	A	Y	S	L	O	I	S	Q	U	I	Z

1. Le mont Blanc est une _____montagne_____.
2. Sarrebruck est près de la _____frontière_____ entre la France et l'Allemagne.
3. Combien de km fait le _____tunnel_____ du Mont-Blanc?
4. Biarritz est une ville au bord de la _____mer_____.
5. Quand le _____soleil_____ brille, les _____touristes_____ sont contents.
6. La Provence est une _____région_____.
7. Visitez la _____capitale_____ de la France avec sa tour Eiffel!
8. Quand il fait chaud, je vais à la _____plage_____.
9. La France est un _____pays_____.
10. J'adore les _____quiz_____ !

Le message: Nous adorons les aventures d'Astérix le Gaulois.

2 *Que dit le monsieur ? Complète par un déterminant démonstratif et un nom.* (→ Repères, p. 125/3)

Le numéro 10 gagne* ___cette trompette___ .

Le numéro 92 gagne ___cet agenda___ .

Le numéro 80 gagne ___cette horloge___ .

Le numéro 56 gagne ___ces assiettes___ .

Le numéro 44 gagne ___cet ours en peluche___ .

Le numéro 72 gagne ___ces rollers___ .

Le numéro 63 gagne ___cette montre___ .

Le numéro 85 gagne ___cet atlas___ .

Le numéro 3 gagne ___ce réveil___ .

*gagner qc etw. gewinnen

3 *Devine de quel verbe il s'agit et complète les phrases par ses formes au présent de l'indicatif. Rate, um welches Verb es sich handelt.* (→ Repères, p. 125/2)

1. Non, je ne ____sais pas____ pas …   2. Elle ____sait____ un tas de trucs.

3. Les enfants ____savent____ cette chanson par cœur.   4. Tu ____sais____ quoi*? Je vais aller en Angleterre.

5. Nous ____savons____ déjà des tas de trucs en allemand.   6. Quoi*?! Vous ne ____savez____ pas ça?

* **quoi** was

4 a *Prépare dans ton cahier trois questions de quiz sur l'Allemagne pour ton/ta correspondant/e. Utilise:*

| Ce / Cette | fleuve / région / ville / rue | est situé(e) au bord de / sur ___ . |

| Dans cette | région, / ville, / rue, | vous pouvez ___ . / il y a ___ . |

b *Compare avec tes camarades.*

SÉQUENCE SUPPLÉMENTAIRE 1   soixante et onze   71

SÉQUENCE SUPPLÉMENTAIRE 2 facultatif

DELF **1** *Qui parle? Relis les interviews, p. 118 et réponds.*

1. <u>Leïla</u>
2. <u>Kévin</u>
3. <u>Clémentine</u>
4. <u>Manuella</u>
5. <u>les parents de Bastien</u>
6. <u>Lisa</u>
7. <u>Benoît</u>
8. <u>Marina</u>

1. Un chien, c'est un ami avec qui on peut jouer.
2. Mon père ne veut pas de chien.
3. On joue ensemble dans les parcs de la ville.
4. Il y a des chiens qui aboient beaucoup…
5. Tu ne vas pas le promener et nous, on travaille.
6. Un chien, c'est beaucoup de travail*. Tu vas avoir du temps pour lui?
7. La vie d'un chien en appartement n'est pas drôle.
8. Avoir un chien, c'est trop cher pour mes parents.

* **le travail** die Arbeit

2 ○ *Complète les phrases par* qui, que, qu'. (→ Repères, p. 126/2, 3)

La fille <u>qui</u> entre avec Sylvain, c'est sa sœur Magali.

La fille <u>qui</u> danse[1] avec Antoine est dans la classe de Magali.

Il est super, ton groupe[2], ils font une musique <u>que</u> j'adore!

C'est quoi, la musique <u>qu'</u> on entend?

Ah, voilà Sylvain <u>qui</u> arrive avec sa sœur!

C'est un garçon <u>qui</u> est super sympa et <u>que</u> j'aime beaucoup…

Le type <u>que</u> tu regardes, c'est Antoine…

1 **danser** tanzen   2 **le groupe** die Gruppe

3 ● *Imagine des fins de phrases. Denke dir Satzenden aus. Utilise* qui, que, qu', où. (→ Repères, p. 126/2,3,4)

1. Lyon est une ville **où je voudrais aller.**

2. Le foot est un sport **(que je déteste.)**

3. Je déteste les gens **(qui n'aiment pas les animaux.)**

4. C'est la maison **(où mes copains habitent.)**

5. Mon voisin vient d'une ville **(qui est très sympa.)**

6. Voilà un magasin **(que ma sœur adore.)**

7. J'adore les gâteaux **(que ma mère fait.)**

8. J'aime les endroits **(où il fait chaud.)**

4 *Complète.* (→ Liste des mots, p. 183)

La ☐1 pour animaux est chère.
Tu prends ton chocolat avec ou ☐2 crème?
Écrivain est un ☐3 qui m'intéresse.
Mon chat est malade, mais ce n'est pas ☐4.
Son chien n'est pas méchant, mais il ☐5 toujours.
Quand on a un animal, on n'est pas ☐6.
Un ☐7 est une personne qui soigne les animaux.
Ma perruche est malade, je dois la ☐8.
Le Jardin des plantes est un ☐9 où j'aime aller.
Le père de Kévin est ☐10. Alors, il n'aime pas les chiens.
Tu ☐11 ton chien après les cours?

Crossword answers:
1. NOURRITURE
2. SANS
3. MÉTIER
4. GRAVE
5. ABOIE
6. SEUL
7. VÉTÉRINAIRE
8. SOIGNER
9. ENDROIT
10. FACTEUR
11. PROMÈNES

DELF 5 *Qu'est-ce que Bastien va dire à ses parents? Imagine un dialogue.* (→ Texte, p. 118)

(– Je suis seul et je n'ai pas de frères et sœurs. Mais avec un chien, on n'est plus seul. S'il vous plaît, dites oui … La vie est triste sans animaux. / – Écoute, Bastien, on travaille et toi, tu es à l'école. Le chien va être seul. Et après l'école, tu ne vas pas le promener. / – Si, je vais toujours le promener! Après les cours, on va aller dans un parc et on va jouer ensemble. / – Et qui va le soigner? Qui va acheter la nourriture? Un animal, ça coûte cher. / – Oui, je sais … Mais un chien, c'est aussi un copain! Et mon chien va garder votre appartement! Je veux un chien pour mon anniversaire. / – Mmh … Peut-être …)

SÉQUENCE SUPPLÉMENTAIRE 2 — soixante-treize

SÉQUENCE SUPPLÉMENTAIRE 3 facultatif

DELF 1 *Est-ce que c'est vrai ou faux? Corrige les phrases fausses.* (→ Texte, p. 120)

	vrai	faux
1. On ne peut pas devenir acteur sans avoir des parents acteurs.		X
2. C'est bien d'avoir des parents dans le métier quand on veut devenir acteur.	X	
3. Les enfants d'acteurs deviennent acteurs parce qu'ils commencent très tôt.	X	
4. On ne peut pas devenir acteur quand on commence après l'âge de sept ans.		X
5. Ludivine Sagnier est célèbre depuis l'âge de sept ans.		X
6. On peut commencer à 15 ou 16 ans, mais on doit être très bon.	X	

1. Sans parents acteurs, on peut devenir acteur, mais il faut commencer tôt et prendre des cours d'art dramatique.

4. Si, on peut devenir acteur à l'âge de 14 ou 15 ans.

5. Elle n'est pas célèbre depuis longtemps, mais elle joue depuis l'âge de 7 ans.

2 a *Ajoute les accents.* (→ Liste alphabétique, p. 191)

Mots dans l'image : américain, bientôt, déjà, célèbre, coûter, détester, drôle, être, métier, répondre, rôle, sérieux, théâtre, là-bas, tôt, âge

b *Classe les mots de* **a**.

adjectifs	adverbes	noms	verbes
américain	bientôt	métier	coûter
célèbre	déjà	théâtre	être
sérieux	tôt	rôle	répondre
drôle	là-bas	âge	détester

3 *Fais une fiche pour le verbe* commencer. (→ Apprendre à apprendre, p. 50, Repères, p. 126/2)

4 ○ *Corrige les phrases.* (→ Repères, p. 127/3)

1. Lisa dit qu'elle a soif².
2. Martin trouve qu'il fait froid.
3. Le guide raconte que Lyon, c'est la ville de Jean Tourmente.
4. Louise pense que le guide est nul.
5. Anne trouve que le quartier est triste.
6. Le prof dit que le bus part.
7. Le vendeur dit que le jus d'orange coûte un euro.
8. Boris répond que ce n'est pas cher.

1. Non, elle dit qu'elle a faim.

2. Non, il trouve qu'il fait trop chaud.

3. Non, il raconte que c'est la ville de Guignol.

4. Non, elle pense qu'il est intéressant.

5. Non, elle trouve qu'il est super.

6. Non, il dit que le bus les attend.

7. Non, il dit que ça coûte trois euros.

8. Non, il répond que c'est trop cher.

¹ **le guide** der Fremdenführer ² **avoir soif** Durst haben

5 ● *Tarik et Manon sortent du cinéma. Qu'est-ce qu'ils pensent du film? Utilise le discours indirect. Écris dans ton cahier.* (→ Repères, p. 127/3)

Manon: Le film est génial! L'histoire est très intéressante. Les acteurs jouent super bien. J'adore les films de Chabrol.
Tarik: Le film est assez triste, je n'aime pas la fin. Mais les acteurs sont très bons. Benoît Magimel est super dans son rôle. Il a beaucoup de talent.

SÉQUENCE SUPPLÉMENTAIRE 3 — soixante-quinze — 75

SÉQUENCE SUPPLÉMENTAIRE 4 facultatif

1 Relis les textes 1 à 5, p. 122 et trouve des mots sur les thèmes suivants. Tu peux ajouter d'autres mots ou expressions.

la musique	la cuisine	la fête
la chorale, le spectacle, le CD, la tournée	préparer des œufs au plat, les frites, le livre de cuisine, le dîner (de fête), le gâteau	l'anniversaire, les copains, le gâteau, écouter des CD, faire une LAN partie, génial/e

DELF **2** Complète les questions du journaliste par le participe passé des verbes et dis à qui il parle. (→ Repères, p. 127/2, → Texte, p. 122)

1. Il parle à Nicolas.
2. Il parle à Pauline.
3. Il parle à Nathan.
4. Il parle à Tarik.
5. Il parle à Lucie.

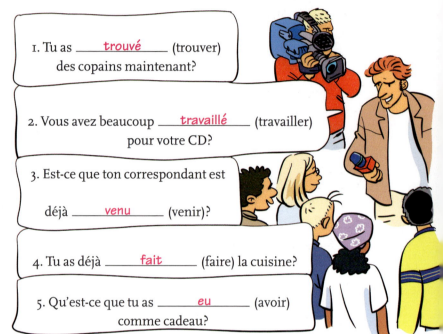

1. Tu as __trouvé__ (trouver) des copains maintenant?
2. Vous avez beaucoup __travaillé__ (travailler) pour votre CD?
3. Est-ce que ton correspondant est déjà __venu__ (venir)?
4. Tu as déjà __fait__ (faire) la cuisine?
5. Qu'est-ce que tu as __eu__ (avoir) comme cadeau?

3 a Retrouve le participe passé des verbes dans les noms. (→ Repères, p. 127/2)

Bonjour, Monsieur Voulu|pu|venu.

Bonjour, Madame Pris|mis|appris.

Comment allez-vous, Monsieur Eu|fait|été?

Très bien, Mademoiselle Répondu|attendu!

76 soixante-seize SÉQUENCE SUPPLÉMENTAIRE 4

b *Écris maintenant ces formes et leur infinitif.*

voulu – vouloir; pu – pouvoir; venu – venir; pris – prendre; mis – mettre; appris – apprendre; eu – avoir;

fait – faire; été – être; répondu – répondre; attendu – attendre

4 *Ils ne sont pas d'accord.*
Verneine die Sätze.
Utilise ne ... pas.

1. Hier, il a fait chaud.

   Mais non, il n'a pas fait chaud!

2. Les Berthier sont allés en Angleterre.

   Mais non, ils ne sont pas allés en Angleterre!

3. Marie a acheté sa montre chez Tickitic.

   Mais non, elle n'a pas acheté sa montre chez Tickitic!

4. Les Monnier ont répondu à notre carte.

   Mais non, ils n'ont pas répondu à notre carte.

5 *Fais une interview de Nathan à son retour d'Allemagne.*
Mach ein Interview mit Nathan nach seiner Rückkehr aus Deutschland. (→ Repères, p. 127/1)

– Qu'est-ce que tu as fait en Allemagne?

– J'ai rencontré beaucoup de gens, j'ai regardé la télé, j'ai écouté des CD en allemand, j'ai parlé aux gens, j'ai appris des tas de mots, je suis allé à l'école avec mon correspondant, nous sommes sortis avec ses copains, on a fait du roller, on a visité la ville. Génial!

Qu'est-ce que tu vas faire en Allemagne?

Eh bien, je vais rencontrer beaucoup de gens, je vais regarder la télé, je vais écouter des CD en allemand, je vais parler aux gens, apprendre des tas de mots, je vais aller à l'école avec mon correspondant, nous allons sortir avec ses copains, on va faire du roller, visiter la ville. Génial!

SÉQUENCE SUPPLÉMENTAIRE 4 — soixante-dix-sept

LE JEU DES VACANCES

Règles du jeu / Spielregeln

Ihr könnt dieses Spiel zu dritt, zu viert oder zu fünft spielen.
In jeder Gruppe übernimmt ein/e Spieler/in die Rolle des/der Spielleiters/-in.

Zum Spielen braucht ihr:
einen Würfel
einen Stein (oder einen Knopf) pro Spieler/in

Die Spieler decken die Seite mit den Lösungen ab und haben das Spielbrett vor sich (→ S. 79), der/die Spielleiter/in hat die Fragen mit den Lösungen vor sich (→ S. 78).

Jede/r Spieler/in würfelt der Reihe nach. Der/die Spielleiter/in liest die entsprechende Frage vor und überprüft die Antwort mit Hilfe der Lösungen. Ist eine Antwort nicht richtig, so kehrt der Spieler / die Spielerin zu dem Feld zurück, von dem er/sie gewürfelt hat. Wer als Erste/r am Reiseziel angekommen ist, hat gewonnen.

Questions — *Réponses*

Gare: Grammaire

	Question	Réponse
1	Wie lautet die 2. Person Plural der Verben „faire" und „dire" im Präsens?	vous faites, vous dites
2	Buchstabiere: „nous mangeons".	m – a – n – g – e – o – n – s
3	Übersetze: „Paul spricht mit seiner Schwester."	Paul parle à sa sœur.
4	Wie lauten die 1. Person Singular und die 1. Person Plural des Verbs „être" im Präsens?	je suis, nous sommes
5	Nenne zwei Verben, die wie „prendre" konjugiert werden.	apprendre, comprendre
6	Setze den Satz in den Plural: „Un enfant sort de l'école."	Des enfants sortent de l'école.
7	Übersetze: „Morgen werde ich ins Schwimmbad gehen."	Demain, je vais aller à la piscine.
8	Stelle die Frage zum Satz: „Il est triste parce qu'il a un 7 en allemand."	Pourquoi est-ce qu'il est triste?

Plage: Parlons français

	Question	Réponse
1	Du fragst einen neuen Schüler nach seinem Namen.	Tu t'appelles comment?
2	Du fragst einen Jungen / ein Mädchen nach seinem Alter.	Tu as quel âge?
3	Du fragst Freunde, was sie heute vorhaben.	Qu'est-ce que vous faites aujourd'hui?
4	Du sagst, dass du Hunde magst, dass du aber Katzen lieber magst.	J'aime les chiens, mais je préfère les chats.
5	Du fragst, wie viel das Brot kostet.	Ça / Le pain coûte combien?
6	Du sagst, dass du zu Fuß zur Schule gehst.	Je vais à l'école à pied.
7	Du sagst, dass deine Freundin freitags ins Kino geht.	Mon amie va au cinéma le vendredi.
8	Du sagst deinem Freund, dass etwas ihn nichts angeht.	Ça ne te regarde pas.

Festival: La France et les Français

	Question	Réponse
1	Paul Bocuse est: [a] cuisinier [b] écrivain [c] aviateur.	[a] cuisinier
2	En France, beaucoup d'élèves mangent au restaurant à midi. Vrai ou faux?	Faux. Ils mangent souvent à la cantine.
3	C'est un acteur. Il joue dans le film «Astérix». C'est qui?	C'est Gérard Depardieu.
4	SVT, qu'est-ce que ça veut dire?	Sciences de la vie et de la terre
5	En France, avoir un 2 dans son bulletin, c'est bien?	Non, c'est nul.
6	Tu es en France et tu réponds au téléphone. Qu'est-ce que tu dis?	Allô!
7	«La Cigale et la Fourmi», qu'est-ce que c'est?	C'est une fable (de La Fontaine).
8	Bertrand Tavernier écrit des livres. Vrai ou faux?	Faux. Il fait des films.

Gare:
Grammaire
Tu réponds à une question de grammaire.

 Plage:
Parlons français
Tu réponds à une question «Qu'est-ce qu'on dit?».

 Festival:
La France et les Français
Tu réponds à une question sur la France ou les Français.

 Ce sont les vacances!
Tu passes un tour.
Du setzt einmal aus.

 Tu aimes les Alpes.
Tu avances de deux cases. Du rückst zwei Felder vor.

Départ

 P 1

 G 1

 F 1

 P 2

 P 5

 F 5

 P 6

 G 6

 F 6

 F 7

 P 7

 G 7

 G 5

Arrivée

 F 8

 G 8

 P 8

 P 4

 G 4

 F 4

 P 3

F 3

G 3

F 2

G 2

Le jeu des vacances — *soixante-dix-neuf* **79**

ANNEXE

Kopiervorlage

INFINITIF		Terminaison	Régulier ☐ Irrégulier ☐	Particularité
		PRÉSENT		IMPÉRATIF
	Je/J'			
	Tu			
	Il/Elle/On			
	Nous			
	Vous			
	Ils/Elles			
se conjugue comme:			PASSÉ COMPOSÉ	
IMPARFAIT			FUTUR	

INFINITIF		Terminaison	Régulier ☐ Irrégulier ☐	Particularité
		PRÉSENT		IMPÉRATIF
	Je			
	Tu			
	Il/Elle/On			
	Nous			
	Vous			
	Ils/Elles			
se conjugue comme:			PASSÉ COMPOSÉ	
IMPARFAIT			FUTUR	

Tandem Unité 1/2

So könnt ihr mit einem Tandembogen arbeiten:

1 Ihr übt erstmal mündlich:

1. Legt fest, wer Voisin A und wer Voisin B ist.
2. Faltet den Bogen entlang der Mittellinie.
3. Voisin A hat die linke, Voisin B die rechte Spalte vor sich.
   Voisin A liest den Satz A vor. Voisin B, der nur die rechte Spalte sieht, vervollständigt den Satz B.
   Voisin A, der die Lösung vor sich hat, hilft, wenn es nötig ist. Danach liest er den nächsten Satz.
4. Nach einem Durchgang wechselt ihr die Rollen.

2 Anschließend übt ihr schriftlich: Ihr deckt die linke Spalte zu und schreibt die vollständigen Sätze in euer Heft. Die Korrektur erfolgt mit Hilfe der linken Spalte.

3 Unten ist ein freies Feld, in das ihr ein selbst erdachtes Beispiel hineinschreiben könnt.

Mit diesem Tandem übt ihr, wie man nach einer Person fragt und eine Person vorstellt.

Voisin A	**Voisin B**
A: Le garçon, c'est qui? B: C'est Tarik.	A: Le garçon, c'est qui? B:
A: La fille, c'est qui? B: C'est Pauline.	A: La fille, c'est qui? B:
A: Le garçon, c'est qui? B: C'est Valentin.	A: Le garçon, c'est qui? B:
A: La fille, c'est qui? B: C'est Manon.	A: La fille, c'est qui? B:
A: Le garçon, c'est qui? B: C'est Paul.	A: Le garçon, c'est qui? B:
A: La fille, c'est qui? B: C'est Lucie.	A: La fille, c'est qui? B:
A: _____ B: _____	A: _____ B: _____

Tandem Unité 1/2 — *quatre-vingt-un* — 81

Tandem Unité 2/1

Ihr habt schon mit einem Tandembogen gearbeitet. Lest euch trotzdem noch einmal die Übungsanweisungen auf S. 81 durch: Alle dort beschriebenen Arbeitsschritte sind notwendig. Denkt auch an die schriftliche Phase! Dieser Tandembogen hat unten ein freies Feld, in das ihr ein selbst erdachtes Beispiel hineinschreiben könnt.

Voisin A	Voisin B
Qu'est-ce qu'il y a? = [kɛskilja]	Il y a un ___ ? = [iljaɛ̃] Il y a une ___ ? = [iljayn] Il y a des ___ ? = [iljade]
A: Qu'est-ce qu'il y a entre l'étagère et l'armoire? **B:** Il y a une table.	**A:** Qu'est-ce qu'il y a entre l'étagère et l'armoire? **B:** Il y a
A: Qu'est-ce qu'il y a entre le CDI et le gymnase? **B:** Il y a une cour.	**A:** Qu'est-ce qu'il y a entre le CDI et le gymnase? **B:** Il y a 
A: Qu'est-ce qu'il y a entre l'ordinateur et les cédéroms? **B:** Il y a un stylo.	**A:** Qu'est-ce qu'il y a entre l'ordinateur et les cédéroms? **B:** Il y a
A: Qu'est-ce qu'il y a entre la souris et la souris? **B:** Il y a un ordinateur.	**A:** Qu'est-ce qu'il y a entre la souris et la souris? **B:** Il y a
A: Qu'est-ce qu'il y a entre les cassettes et les livres? **B:** Il y a des magazines.	**A:** Qu'est-ce qu'il y a entre les cassettes et les livres? **B:** Il y a
A: Qu'est-ce qu'il y a entre les stylos et les cassettes? **B:** Il y a un agenda.	**A:** Qu'est-ce qu'il y a entre les stylos et les cassettes? **B:** Il y a
A: Qu'est-ce qu'il y a entre le gymnase et le secrétariat? **B:** Il y a une cantine.	**A:** Qu'est-ce qu'il y a entre le gymnase et le secrétariat? **B:** Il y a 
A: Qu'est-ce qu'il y a entre les élèves et le prof? **B:** Il y a des cochons d'Inde.	**A:** Qu'est-ce qu'il y a entre les élèves et le prof? **B:** Il y a
A: Qu'est-ce qu'il y a entre les DVD et les CD? **B:** Il y a des cassettes.	**A:** Qu'est-ce qu'il y a entre les DVD et les CD? **B:** Il y a
A: _____ **B:** _____	**A:** _____ **B:** _____

Double V Unité 2/2

Double V ist ein Ratespiel für zwei – Voisin A und Voisin B. Jeder Voisin hat ein Raster vor sich. Das Spiel besteht aus zwei Runden. Es gibt also zwei Spalten für Voisin A und zwei Spalten für Voisin B. Ihr „versteckt" jedesmal etwas in den entsprechenden Spalten des Rasters. In die anderen Spalten tragt ihr die Antworten des Voisin ein.

1
1. Zunächst bestimmt ihr, wer Voisin A und wer Voisin B ist, und ergänzt euer Raster mit dem entsprechenden Buchstaben.
2. In der ersten Runde geht es um die Suche nach einer Maus. Ihr „versteckt" eine Maus in eurem Zimmer. Wie? Ihr braucht nur ein Feld in der entsprechenden Spalte eures Rasters anzukreuzen. (Voisin A kreuzt ein Feld in der linken Spalte an. Voisin B benutzt die rechte Spalte.)
3. Jeder soll nun herausfinden, wo sich die Maus bei dem anderen befindet. Das heißt, ihr stellt euch wechselseitig Fragen.
4. Der andere „Voisin" antwortet entsprechend mit „Oui" oder „Non".
5. Für „Oui" tragt ihr ein +, für „Non" ein – in die Spalte des Nachbarn ein. (Voisin A benutzt also die rechte Spalte. Voisin B trägt die Antworten in die linke Spalte ein.)
6. Dann überprüft ihr, ob ihr alles richtig verstanden habt: Ihr legt eure Raster nebeneinander und vergleicht sie.

2 In der zweiten Runde „versteckt" jeder von euch Kugelschreiber im eigenen Zimmer, d.h. ihr kreuzt das entsprechende Feld eurer Wahl an. (Voisin A benutzt jetzt die linke Spalte von **2**, Voisin B die rechte Spalte.) Dann macht ihr wie bei **1** weiter (Arbeitsschritte 3. bis 6.). Die Antworten des „Voisin" trägt Voisin A in die rechte Spalte ein, Voisin B trägt die Antworten von Voisin A in die linke Spalte ein.

So fragt ihr:
Exemple: **1** La souris est sur l'agenda?   **2** Les stylos sont sur l'agenda?

Voisin ___	1 Voisin A bei Voisin A	1 Voisin B bei Voisin B	2 Voisin A bei Voisin A	2 Voisin B bei Voisin B
sur l'agenda				
dans l'armoire				
dans la cour				
sous le livre				
sur l'étagère				
dans le magazine				
sur la table				
sur l'ordinateur				
sous l'armoire				
sous le magazine				
sur le livre				

Double V Unité 2/2   *quatre-vingt-trois*   83

Tandem Unité 3/2

Mit diesem Tandembogen übt ihr die Possessivbegleiter „son, sa, ses". (→ Repères, p. 47/2)

  sa: Das nachfolgende Nomen ist weiblich und fängt mit einem Konsonanten an.
son: Das nachfolgende Nomen ist männlich oder weiblich und fängt mit einem Vokal an.
 ses: Das nachfolgende Nomen ist in der Mehrzahl.

Lest euch noch einmal die Übungsanweisungen auf S. 81 durch: Alle dort beschriebenen Arbeitsschritte sind notwendig. Denkt auch an die schriftliche Phase!
Auch dieser Tandembogen hat unten ein freies Feld, in das ihr ein selbst erdachtes Beispiel hineinschreiben könnt.

Voisin A

A: Où est Pauline?
B: Elle est dans sa chambre.

A: Est-ce qu'elle travaille?
B: Oui, elle range son carton de photos.

A: Et maintenant?
B: Elle range ses cassettes.

A: Où est Paul?
B: Il est aussi dans sa chambre.

A: Est-ce qu'il travaille?
B: Oui, il range son carton de CD.

A: Et maintenant?
B: Il range ses disquettes.

A: Où est M. Ardent?
B: Il est dans son CDI.

A: Est-ce qu'il travaille?
B: Oui, il est devant son ordinateur.

A: Et maintenant?
B: Il range ses livres.

A: Où est Mme Pianta?
B: Elle est dans son secrétariat.

A: Est-ce qu'elle travaille?
B: Oui, elle est devant son ordinateur.

A: _____

B: _____

Voisin B

A: Où est Pauline?
B: Elle est dans ? chambre.

A: Est-ce qu'elle travaille?
B: Oui, elle range ? carton de photos.

A: Et maintenant?
B: Elle range ? cassettes.

A: Où est Paul?
B: Il est aussi dans ? chambre.

A: Est-ce qu'il travaille?
B: Oui, il range ? carton de CD.

A: Et maintenant?
B: Il range ? disquettes.

A: Où est M. Ardent?
B: Il est dans ? CDI.

A: Est-ce qu'il travaille?
B: Oui, il est devant ? ordinateur.

A: Et maintenant?
B: Il range ? livres.

A: Où est Mme Pianta?
B: Elle est dans ? secrétariat.

A: Est-ce qu'elle travaille?
B: Oui, elle est devant ? ordinateur.

A: _____

B: _____

Double V Unité 3/3

Wisst ihr noch, wie man mit double V arbeitet? Jeder Voisin muss durch Fragen herausbekommen, wo der andere etwas versteckt hat. Diesmal versteckt ihr zwei Sachen:

a Fische
b einen Hund

1
1. Zunächst bestimmt ihr, wer Voisin A und wer Voisin B ist, und ergänzt euer Raster mit dem entsprechenden Buchstaben.
2. Voisin A „versteckt" Fische und einen Hund bei Paul, Voisin B bei Pauline. Kreuzt also bei **a** und bei **b** ein Feld in den entsprechenden Spalten des Rasters an.
3. Jeder soll nun von dem anderen herausfinden, wo sich die Fische und der Hund befinden. Das heißt, ihr stellt euch wechselseitig Fragen.
4. Der andere „Voisin" antwortet entsprechend mit „Oui" oder „Non".
5. Für „Oui" tragt ihr ein + , für „Non" ein – in die entsprechende Spalte ein.
6. Dann überprüft ihr, ob ihr alles richtig verstanden habt: Ihr legt eure Raster nebeneinander und vergleicht sie.

2 In der zweiten Runde „versteckt" ihr eure eigenen Fische und euren eigenen Hund, d. h. ihr kreuzt bei **a** und bei **b** ein Feld eurer Wahl in der linken (Voisin A) oder rechten (Voisin B) Spalte von **2** an.
Dann macht ihr wie bei **1** weiter (Arbeitsschritte 3. bis 6.).

So fragt ihr:
Exemple:

1 **a** Est-ce que les poissons sont dans la cuisine?
b Est-ce que le chien est dans la cuisine?

2 **a** Est-ce que tes poissons sont dans la cuisine?
b Est-ce que ton chien est dans la cuisine?

Voisin ____

	1		**2**	
	Voisin A	Voisin B	Voisin A	Voisin B
	chez Paul	chez Pauline	chez Voisin A	chez Voisin B
a (poissons)				
dans la cuisine				
dans la salle de bains				
dans la chambre				
dans la salle de séjour				
b (chien)				
dans la cuisine				
dans la salle de bains				
dans la chambre				
dans la salle de séjour				

Double V Unité 3/3 — quatre-vingt-cinq

Tandem Unité 4/2

Auf S. 81 könnt ihr nachlesen, wie man mit einem Tandembogen übt.
Ihr übt die Possessivbegleiter „mon, ma, mes, notre, nos". (→ Repères, p. 47/2, p. 63/5)

Manon (Voisin B) montre des photos de son école à Tilo (Voisin A).

Voisin A	**Voisin B**

A: Le monsieur, c'est qui?	A: Le monsieur, c'est qui?
B: C'est notre professeur d'allemand.	B: C'est n[?] professeur d'allemand.
A: Et ça, qu'est-ce que c'est?	A: Et ça, qu'est-ce que c'est?
B: C'est notre CDI.	B: C'est n[?] CDI.
A: Et le monsieur, c'est un prof?	A: Et le monsieur, c'est un prof?
B: Non, c'est M. Ardent, notre documentaliste.	B: Non, c'est M. Ardent, n[?] documentaliste.
A: Vous avez aussi des ordinateurs?	A: Vous avez aussi des ordinateurs?
B: Oui, bien sûr! Voilà la salle avec nos ordinateurs.	B: Oui, bien sûr! Voilà la salle avec n[?] ordinateurs.
A: Et le garçon, c'est qui?	A: Et le garçon, c'est qui?
B: C'est mon copain Paul.	B: C'est m[?] copain Paul.
A: Et là, ce ne sont pas des élèves, non?	A: Et là, ce ne sont pas des élèves, non?
B: Mais non, ce sont nos surveillants!	B: Mais non, ce sont n[?] surveillants!
A: Et la fille, c'est qui?	A: Et la fille, c'est qui?
B: C'est Pauline, ma copine.	B: C'est Pauline, m[?] copine.
A: Où est-ce que vous mangez?	A: Où est-ce que vous mangez?
B: Là, dans notre cantine.	B: Là, dans n[?] cantine.
A: Et ça, c'est ta classe?	A: Et ça, c'est ta classe?
B: Oui, ce sont mes copains et mes copines.	B: Oui, ce sont m[?] copains et m[?] copines.
A: Et là, tu es où?	A: Et là, tu es où?
B: Dans notre gymnase.	B: Dans n[?] gymnase.
A: _____	A: _____
B: _____	B: _____
A: _____	A: _____
B: _____	B: _____

Double V Unité 5/A

In diesem double V „versteckt" ihr drei verschiedene Leute in eurem Raster. Statt ein Feld anzukreuzen, schreibt ihr diesmal je einen Namen in einem Feld eurer Wahl in die entsprechenden Spalten hinein. Der Voisin soll dann herausfinden, wo sich die Personen jeweils befinden.

1
1. Zunächst bestimmt ihr, wer Voisin A und wer Voisin B ist, und ergänzt euer Raster mit dem entsprechenden Buchstaben.
2. Voisin A „versteckt" Valentin, Pauline und Tarik, Voisin B Paul, Lucie und Manon. (Namen in die Felder eurer Wahl eintragen!)
3. Stellt euch wechselseitig Fragen, um herauszufinden, wo sich die drei gesuchten Jugendlichen befinden.
4. Der andere „Voisin" antwortet entsprechend mit „Oui" oder „Non".
5. Für „Oui" tragt ihr ein +, für „Non" ein – in die Spalte des Nachbarn ein.
6. Dann überprüft ihr, ob ihr alles richtig verstanden habt: Ihr legt eure Raster nebeneinander und vergleicht sie.

2 In der zweiten Runde „versteckt" ihr euch an einem der genannten Orte. Voisin A markiert den Ort mit einem Kreuz in der dritten Spalte. Voisin B kreuzt ein Feld in der vierten Spalte an. Dann verfahrt ihr wie unter **1**. Die Antworten des „Voisin" tragt ihr jetzt entsprechend in die dritte oder vierte Spalte ein.

So fragt Voisin A:
Exemple:

1 Paul / Lucie / Manon | est à la boulangerie?

2 Est-ce que tu es à la boulangerie?

So fragt Voisin B:
Exemple:

1 Valentin / Pauline / Tarik | est à la boulangerie?

2 Est-ce que tu es à la boulangerie?

Voisin ___	1 Voisin A	1 Voisin B	2 Voisin A	2 Voisin B
	Valentin Pauline Tarik	Paul Lucie Manon	Voisin A	Voisin B
à la boulangerie				
à l'office de tourisme				
à l'école				
au secrétariat				
à la cantine				
au CDI				
au gymnase				
au collège				
aux Galeries Lafayette				
au cinéma				
à la maison				
au supermarché				
à la poste				

Double V Unité 6/1

In diesem double V „versteckt" ihr Informationen: Es geht um den heutigen Stundenplan der sixième.

1
1. Zunächst bestimmt ihr, wer Voisin A und wer Voisin B ist, und ergänzt euer Raster mit dem entsprechenden Buchstaben.
2. Voisin A bestimmt den Stundenplan für die sixième A, Voisin B für die sixième B. Jede Klasse hat heute vier Stunden. Ihr sollt also vier Felder in den entsprechenden Spalten ankreuzen.
3. Jeder soll nun herausfinden, welche Fächer die andere Klasse hat. Stellt euch wechselseitig Fragen.
4. Der andere „Voisin" antwortet entsprechend mit „Oui" oder „Non".
5. Für „Oui" tragt ihr ein + , für „Non" ein – in die entsprechende Spalte ein.
6. Dann überprüft ihr, ob ihr alles richtig verstanden habt: Ihr legt eure Raster nebeneinander und vergleicht sie.

2 In der zweiten Runde seid ihr dran: Ihr bestimmt eure Fächer selbst. Bevor ihr eure Spalte ausfüllt, solltet ihr euch über die Zahl der Fächer einigen. Dann verfahrt ihr wie unter **1**.
Die Antworten des „Voisin" tragt ihr in die freie Spalte ein.

So fragt Voisin A:
Exemple:

1 Est-ce que la sixième B a maths, aujourd'hui?

2 Est-ce que tu as maths, aujourd'hui?

So fragt Voisin B:
Exemple:

1 Est-ce que la sixième A a maths, aujourd'hui?

2 Est-ce que tu as maths, aujourd'hui?

Voisin ___	1		2	
	Voisin A	Voisin B	Voisin A	Voisin B
	sixième A	sixième B	Voisin A	Voisin B
français				
maths				
géographie				
S.V.T.				
sport				
allemand				
anglais				
histoire				

Tandem Unité 7/1

Mit diesem Tandembogen übt ihr die Objektpronomen „le, la, les, l'". (→ Repères, p. III/4)
Lest euch noch einmal die Übungsanweisungen auf S. 81 durch: Alle dort beschriebenen Arbeitsschritte sind notwendig. Denkt auch an die schriftliche Phase!
Auch dieser Tandembogen hat unten ein freies Feld, in das ihr ein selbst erdachtes Beispiel hineinschreiben könnt.

Voisin A	**Voisin B**

A: Est-ce que tu achètes le pain?
B: [a] Oui, je l'achète.
   [b] Non, je ne l'achète pas.
	A: Est-ce que tu achètes le pain?
	B: [a] Oui, je [?] achète.
	   [b] Non, je ne [?] achète pas

A: Est-ce que tu achètes les jus de fruits?
B: [a] Oui, je les achète.
   [b] Non, je ne les achète pas.
	A: Est-ce que tu achètes les jus de fruits?
	B: [a] Oui, je [?] achète.
	   [b] Non, je ne [?] achète pas.

A: Est-ce que tu achètes la bédé de Tardi?
B: [a] Oui, je l'achète.
   [b] Non, je ne l'achète pas.
	A: Est-ce que tu achètes la bédé de Tardi?
	B: [a] Oui, je [?] achète.
	   [b] Non, je ne [?] achète pas.

A: Est-ce que tu trouves tes livres?
B: [a] Oui, je les trouve.
   [b] Non, je ne les trouve pas.
	A: Est-ce que tu trouves tes livres?
	B: [a] Oui, je [?] trouve.
	   [b] Non, je ne [?] trouve pas.

A: Est-ce que tu trouves ta cassette?
B: [a] Oui, je la trouve.
   [b] Non, je ne la trouve pas.
	A: Est-ce que tu trouves ta cassette?
	B: [a] Oui, je [?] trouve.
	   [b] Non, je ne [?] trouve pas.

A: Est-ce que tu trouves ton stylo?
B: [a] Oui, je le trouve.
   [b] Non, je ne le trouve pas.
	A: Est-ce que tu trouves ton stylo?
	B: [a] Oui, je [?] trouve.
	   [b] Non, je ne [?] trouve pas.

A: Est-ce que tu regardes la télé?
B: [a] Oui, je la regarde.
   [b] Non, je ne la regarde pas.
	A: Est-ce que tu regardes la télé?
	B: [a] Oui, je [?] regarde.
	   [b] Non, je ne [?] regarde pas.

A: Est-ce que tu aimes les films d'horreur?
B: [a] Oui, je les aime.
   [b] Non, je ne les aime pas.
	A: Est-ce que tu aimes les films d'horreur?
	B: [a] Oui, je [?] aime.
	   [b] Non, je ne [?] aime pas.

A: Est-ce que tu fais tes devoirs?
B: [a] Oui, je les fais.
   [b] Non, je ne les fais pas.
	A: Est-ce que tu fais tes devoirs?
	B: [a] Oui, je [?] fais.
	   [b] Non, je ne [?] fais pas.

A: _____
B: [a] _____
   [b] _____
	A: _____
	B: [a] _____
	   [b] _____

Tandem Unité 7/1 — quatre-vingt-neuf

Lösungen

Unité 1 (Bilan autocorrectif, S. 11)

1
1. Bonjour, Madame.
2. Je m'appelle / Je suis ___ .
3. Je suis nouveau/nouvelle.
4. Bonjour/Salut, ça va?
5. Tu t'appelles comment?
6. Comment?/Pardon?
7. Où est Lisa?

Wenn du Probleme hattest:
→ Lies die Texte der Unité 1 noch einmal durch und suche nach den in den Lösungen angegebenen Redewendungen.
→ Schreibe dir die Sätze mit ihrer Umgebung auf und versuche sie auswendig zu lernen.
→ Übe dann noch einmal die Rubrik Qu'est-ce qu'on dit? in den Repères auf S. 21, indem du immer eine Spalte abdeckst.
→ Wenn du eher Probleme mit der Rechtschreibung im Französischen hast, dann schreibe die Redewendungen auf.

2
1. Voilà un cédérom. C'est le cédérom de la cinquième C pour la classe de Tilo.
2. Lyon est une ville en France entre le Rhône et la Saône. Et la Croix-Rousse? C'est un quartier de Lyon sur une colline.

→ Schau dir noch einmal die Repères 2 und 3 auf S. 21 und 22 an.
→ Mache folgende Übung noch einmal: Carnet, S. 9/1.

3
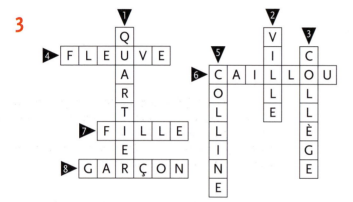

→ Übe die Vokabeln und deren Artikel mit Hilfe der Wortliste auf S. 147. Benutze die Schablone (siehe S. 146). Wiederhole diese Übung regelmäßig.

4
– Tarik est dans la classe de Paul?
– Non, il est dans la classe de Manon.
– Et Pauline?
– Elle est dans la classe de Valentin.
– Et toi, tu es dans la classe de Philippe?
– Non, je suis dans la classe de Céline.
– Céline, c'est qui?
– C'est l'amie de Philippe.

→ Schau dir noch einmal die Repères 4 und 5 auf S. 22 an.

5
Je suis en France.
Ludwigslust, c'est entre Hambourg et Berlin.
Mme Pianta est à Innsbruck.
M. Mirelli est à Beaune, c'est une ville entre Dijon et Lyon.
Ah, tu es en Allemagne!

→ Schau dir noch einmal die Repères 7 auf S. 22 an. Mache folgende Übungen noch einmal: Livre, S. 18/4; Carnet, S. 9/2; S. 10/3.

 → Portfolio

Unité 2 (Bilan autocorrectif, S. 20)

1 1. une armoire – 2. une cassette – 3. un cédérom – 4. une disquette – 5. une étagère – 6. un livre – 7. un ordinateur – 8. un magazine – 9. une souris – 10. un stylo

→ Übe die Vokabeln und deren Artikel mit Hilfe der Wortliste auf S. 150. Benutze die Schablone.

2 **a** 1. des cailloux – 2. les tables – 3. les ordinateurs – 4. des collines – 5. les fleuves

b 1. l'élève – 2. une souris – 3. un atlas – 4. l'ami – 5. une armoire

→ Schau dir noch einmal die Repères 2 und 3 auf S. 32 an.
→ Mache folgende Übungen noch einmal: Carnet, S. 13/2; S. 13/3; S. 14/1; S. 14/2.

3
1. Moi, <u>je suis</u> en Allemagne.
2. Mon copain et moi, <u>nous sommes</u> à Berlin.
3. Et toi, <u>tu es</u> à Clément Marot?
4. Et M. Pennac, <u>il est</u> aussi à Clément Marot?
5. Et vous, Pascal et Pascale, <u>vous êtes</u> à Francfort?
6. Et Pauline et Lucie? <u>Elles sont</u> à Lyon.
7. Tarik et Manon sont à l'école? Oui, <u>ils sont</u> à la cantine.

→ Schau dir noch einmal die Repères 4 und 5 auf S. 33 an.
→ Mache folgende Übungen: Livre, S. 30/5; S. 31/6; Carnet, S. 16/4.

4 1d – 2g – 3e – 4a – 5f – 6c – 7b

→ Übe die Rubrik Qu'est-ce qu'on dit? auf S. 32 noch einmal, indem du je eine Spalte abdeckst. Ersetze die Wörter in Klammern durch andere mögliche.
→ Überlege dir verschiedene Situationen, in welchen du diese Redewendungen benutzen kannst.

5 L'atlas est <u>dans</u> l'armoire, <u>à droite</u>.
Les livres sont <u>sur</u> l'étagère, <u>à gauche</u>.
L'ordinateur est <u>sur</u> la table.

→ Schau dir die Repères 7 auf S. 33 noch einmal an.
→ Mache deine eigenen Zeichnungen mit der jeweiligen passenden Ortsangabe.
→ Du kannst folgende Übungen noch einmal schriftlich machen:
Livre, S. 28/4; Carnet, S. 16/1.

6 Tu t'appelles Marine <u>ou</u> Carine?
Manon et Pauline sont <u>les</u> amies de Lucie.
<u>La</u> cassette d'Astérix est sur l'ordinateur.
<u>Voilà</u> l'ami de Paul Gallet.
Tu <u>es</u> l'amie de Pauline?
C'est <u>ça</u>.

→ Mache folgende Übungen noch einmal: Livre, S. 30/3; Carnet, S. 17/2/3.
→ In der Wortliste findest du auch Tipps, wie du ähnlich klingende Wörter mit Hilfe von „Merksprüchen" voneinander unterscheidest.
→ Versuche deine eigenen Eselsbrücken zu erfinden.
→ Viele Schreibfehler sind aber oft auch Flüchtigkeitsfehler. Daher prüfe genau nach, wenn du etwas geschrieben hast. Hier zum Beispiel: Hattest du daran gedacht, das Nomen „amies" und den Artikel „les" anzugleichen?

→ Portfolio

Unité 3 (Bilan autocorrectif, S. 29)

1 Voilà le quatre, le treize, le deux, le douze, le neuf, le quinze, le un, le cinq, le huit, le seize, le dix, le dix-huit, le onze, le quatorze, le six, le dix-sept, le sept, le trois, le vingt et le dix-neuf.

Wenn dir die Zahlen nicht mehr eingefallen sind:
→ Schlage auf S. 141 nach.
→ Mache die Übungen im Livre auf S. 50/6, im Carnet auf S. 23/2 noch einmal.

Lösungen quatre-vingt-onze 91

2

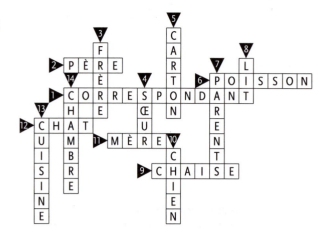

Wenn du die Wörter nicht behalten hast:
→ Übe noch einmal mit der Wortliste und der Schablone.
→ Mache folgende Übungen noch einmal: Livre, S. 39/1;
S. 41/2; S. 50/6; Carnet, S. 25/1; S. 27/1.

3 a

	infinitif	poser
je, il, elle, on, *impératif sing.*	travaille
tu	parles
nous	arrivons
vous, *impératif pl.*	allumez
ils, elles	arrêtent

Wenn du mit den Endungen Schwierigkeiten hattest:
→ Lies die Repères 3 auf S. 47 und 4 auf S. 48 noch einmal durch.
→ Mache folgende Übungen: Livre, S. 43/5; S. 44/6; Carnet, S. 24/4/5; S. 25/2.
→ Wie du die Verbformen mit Hilfe der Verbkartei lernen kannst, kannst du auf S. 50/8 nachlesen.

b 1. Allum<u>ez</u> les lampes, s'il vous plaît.
2. Elles travaill<u>ent</u> dans la chambre.
3. Arrêt<u>e</u> la télé, s'il te plaît.
4. Voilà, nous arriv<u>ons</u>.
5. Est-ce que tu parl<u>es</u> français?
6. Nous parl<u>ons</u> avec le documentaliste.
7. Ma grand-mère arriv<u>e</u> demain.

4 1. – Où est mon atlas?
 – <u>Ton</u> atlas? Je ne sais pas.
 – Hé, hé, <u>son</u> atlas est sur <u>ses</u> étagères.
2. – Où sont <u>mes</u> photos?
 – <u>Tes</u> photos? Je ne sais pas.
 – Hé, hé, <u>ses</u> photos sont dans <u>son</u> armoire.
3. – Où est <u>ma</u> cassette d'Astérix?
 – <u>Ta</u> cassette d'Astérix? Je ne sais pas.
 – Hé, hé, <u>sa</u> cassette d'Astérix est sur <u>son</u> lit.

→ Schau dir die Repères 2 auf S. 47 noch einmal an.
→ Trainiere mit folgenden Übungen:
Livre, S. 39/2/ 3; S. 41/3; S. 43/4; S. 49/1;
Carnet, S. 22/2; S. 23/3; S. 26/4.

5 a 1. Je m'appelle (dein Name).
2. J'habite à (dein Wohnort), près de (größerer Wohnort).
3. J'ai (onze/douze/treize) ans.
4. C'est (ma sœur / mon copain / ma copine) /
 Ce sont (mes parents / mes grands-parents).
 oder:
 Voilà (ma sœur / mon copain / ma copine/
 mes parents / mes grands-parents).

Wenn dir diese Redewendungen nicht eingefallen sind, wiederhole alle Rubriken Qu'est-ce qu'on dit? in den Repères der Unités 1 bis 3.

b
1. Tu t'appelles comment?
2. Où est-ce que tu habites?
3. Tu as quel âge?
4. (Est-ce que) tu as un ordinateur?
5. (Est-ce que) tu as des frères et sœurs?

 → Portfolio

Unité 4 (Bilan autocorrectif, S. 38)

1
– Vous faites vos exercices ensemble?
– Mais oui, nous faisons toujours nos exercices ensemble.
– Vous aimez <u>votre</u> quartier?
– <u>Notre</u> quartier? Mais oui!
– Vous aimez <u>vos</u> profs?
– <u>Nos</u> profs? Non, pas tellement.
– Vous aimez <u>votre</u> ville et <u>votre</u> école?
– <u>Notre</u> ville, oui, mais <u>notre</u> école pas toujours.

Ils font toujours leurs exercices ensemble.
Paul et Pauline aiment <u>leur</u> quartier.
Ils n'aiment pas <u>leurs</u> profs.
Ils aiment <u>leur</u> ville, mais ils n'aiment pas toujours <u>leur</u> école.

Hast du mehr als vier Fehler gemacht?
→ Schau dir die Repères auf S. 63/5 noch einmal an und mache die Übungen a und b noch einmal.
→ Die Possessivbegleiter kannst du mit Hilfe folgender Übungen trainieren:
Livre, S. 59/5/6; S. 64/3;
Carnet S. 34/2/3; S. 36/1; S. 84, S. 86.

2

1. le handball 2. le cirque 3. le football

4. la danse 5. les rollers 6. le skate

Wenn dir nicht mehr als sechs Wörter eingefallen sind:
→ Übe noch einmal mit Hilfe der Wortliste.
→ Mache folgende Übungen noch einmal:
Livre, S. 55/5; Carnet, S. 32/3/4.
→ Arbeite auch mit der Rubrik Apprendre à apprendre (→ S. 66/10).

7. la gymnastique 8. la photo 9. les bédés

3 1c – 2e – 3b – 4f – 5a – 6d

 → Portfolio

→ Übe noch einmal mit der Rubrik Qu'est-ce qu'on dit? in den Repères auf S. 62.
→ Lies die Texte der Séquences noch ganz genau durch.

Unité 5 (Bilan autocorrectif, S. 47)

1
1. Il est au supermarché.
2. Il est aux Galeries Lafayette.
3. Il est à l'école.
4. Il est à la cantine.
5. Il est à la poste.
6. Il est à l'office de tourisme.

Hast du Fehler gemacht? Wenn ja, welche?
Hast du einen falschen Ort genannt?
→ Dann musst du die Vokabeln wiederholen!
War das Geschlecht falsch (z. B. „au" statt „à la")?
→ Merke: Substantive immer mit Artikel lernen.
Hast du den Apostroph vergessen?
→ Schau dir noch einmal die Repères auf S. 78/2 an!

2
1. Les copains <u>mettent</u> l'assiette dans le sac de Tarik.
2. Où est-ce que tu <u>vas</u>?
3. Je <u>vais</u> au supermarché et j'<u>achète</u> deux pots de crème.
4. Tu <u>mets</u> trop de beurre sur ton pain.
5. Nous <u>achetons</u> des fruits?
6. Vous <u>allez</u> au supermarché?
7. Non, nous <u>allons</u> au marché.
8. Vous <u>mettez</u> beaucoup de beurre dans les truffes au chocolat?
9. Non, mais on <u>met</u> beaucoup de crème.

→ Schau dir die Repères auf S. 79/4 an.
→ Trainiere mit folgenden Übungen:
Livre, S. 71/2; S. 74/4; Carnet, S. 40/4; S. 43/3.
→ Wiederhole die Verbformen regelmäßig. Deine Verbkartei hilft dir dabei (→ S. 50/8).

3
Je voudrais un kilo de pommes, s'il vous plaît.
Ça fait combien?
C'est trop cher.

Tipp: Übe regelmäßig mit der Rubrik Qu'est-ce qu'on dit?

4
Ils achètent trois bouteilles de jus d'orange, deux concombres, un kilo de carottes, un kilo de tomates, deux tablettes de chocolat, deux pots de miel, un pot de crème, un poulet et trois pains.

Wenn du Fehler bei den Mengenangaben gemacht hast:
→ Schau dir die Repères auf S. 79/3 an und mache die dazugehörigen Übungen noch einmal.
Sind dir die Wörter für die Gegenstände nicht mehr eingefallen?
→ Übe mit Hilfe der Schablone und der Wortliste.
→ Auch folgende Übungen können dir helfen die Vokabeln und die Mengenangaben zu trainieren:
Livre, S. 77/5; S. 80/4; Carnet, S. 46/3.

5
1. Les <u>éléphants</u> sont <u>grands</u>.
2. La <u>crème</u> est trop <u>froide</u>.
3. Les <u>sœurs</u> de ma copine sont <u>fortes</u> en maths.
4. Les <u>poulets</u> sont très <u>chauds</u>.
5. Le <u>chien</u> de ma grand-mère est <u>petit</u>.
6. Les <u>tomates</u> sont trop <u>chères</u>, laisse tomber.

Wenn du das Adjektiv nicht richtig angeglichen hast:
→ Schau dir die Repères auf S. 79/5 an.
→ Mache folgende Übungen noch einmal: Livre, S. 76/2; Carnet, S. 45/2.
War das Geschlecht falsch?
→ Lerne Substantive immer mit Artikel.

→ Portfolio

Unité 6 (Bilan autocorrectif, S. 58)

1
– Lucie, il est quelle heure?
– Il est <u>quatre heures et quart</u>.
– Mais non! Regarde, il est <u>quatre heures cinq</u>.
– À quelle heure est-ce que nous allons au cinéma?
– Le film est à <u>cinq heures et demie</u>.
– Alors, on a le temps. Manuel arrive à <u>cinq heures moins vingt</u>.
  Ensuite, on prend le bus à <u>cinq heures</u>.

Hattest du noch Probleme mit der Uhrzeit?
→ Schau dir noch einmal die Repères auf S. 94/7 an.
→ Folgende Übungen kannst du noch einmal machen: Livre, S. 84/2; Carnet, S. 49/1/2.
→ Vergiss nicht auch die Zahlen regelmäßig zu üben (→ S. 141).
→ Zahlen und Uhrzeit kannst du übrigens ganz leicht trainieren: Versuche einfach jede Zahl, jede Uhrzeit, die dir im täglichen Leben begegnet, auf Französisch auszudrücken.

2
a singulier je réponds – tu réponds – il/elle répond
   pluriel nous répondons – vous répondez – ils/elles répondent

b Nous <u>attendons</u> le bus, mais il n'arrive pas.
Nous <u>apprenons</u> une fable de La Fontaine.

c Ils/Elles attendent le bus, mais il n'arrive pas.
Ils/Elles apprennent une fable de La Fontaine.

Hast du Probleme mit den Verbformen auf -dre?
→ Wiederhole sie regelmäßig. (→ Repères S. 94/5; Apprendre à apprendre S. 50)
→ Du kannst auch ganz allein mit einem Würfel die Verbformen trainieren (→ S. 88/4).

3 Tu as cours jusqu'à quelle heure demain?
À quelle heure est-ce que nous prenons (est-ce qu'on prend) le bus?
Quand est-ce que tu as allemand?
Est-ce que tu as cours le samedi?

Wiederhole die Rubrik Qu'est-ce qu'on dit? auf S. 93.

4
1. Tarik ne va pas aller à pied au collège, il va prendre le bus.
2. Lucie ne va pas manger à la cantine, elle va manger à la maison.
3. Paul et Pauline ne vont pas rentrer à la maison, ils vont faire un tour en ville.
4. Nous n'allons pas jouer sur notre ordinateur, nous allons préparer l'interro de français.

Falls du Probleme hattest:
→ Schau dir die Repères, S. 94/6 an.
→ Mache folgende Übungen noch einmal: Livre, S. 91/2/3; Carnet, S. 56/5.

5
1. Elle est <u>triste</u>.
2. Il est petit, mais elles sont (très) <u>grandes</u>.
3. Les bananes sont <u>bonnes</u>.
4. Il est <u>content</u>.
5. Il est (très) <u>intelligent/fort</u>.
6. Ils sont <u>nuls</u> en danse.

Schau dir die Repères, S. 93/2, noch einmal an.
Du kannst folgende Übungen wiederholen: Livre, S. 86/3; Carnet, S. 51/4.

 → Portfolio

Lösungen — quatre-vingt-quinze

Unité 7 (Bilan autocorrectif, S. 68)

1 Voilà les élèves <u>de la</u> sixième D.
C'est la sixième <u>du</u> collège Clément Marot.
Le collège est en face <u>de</u> l'école <u>du</u> frère de Pauline.
L'école est près <u>des</u> Galeries Lafayette.

Wenn du noch Schwierigkeiten mit dem zusammengezogenen Artikel und der Präposition „de" hast:
→ Schau dir die Repères auf S. 110/2 ganz genau an.
→ Folgende Übungen kannst du noch einmal machen:
Livre, S. 101/1/2; S. 103/5; S. 112/4;
Carnet, S. 60/2; S. 61/3; S. 62/4.
Wenn dir der richtige Artikel nicht eingefallen ist:
→ Denke daran, die Wörter immer mit dem dazugehörigen Artikel zu lernen.

2 1. – Lucie, je ne trouve pas <u>mon atlas</u>.
Où est-ce qu'il est?
– Je ne sais pas. Demande <u>à Antoine</u> …
2. – Qu'est-ce que tu fais?
– Je montre <u>des photos</u> <u>à mes copains</u>.
3. – Madame, je cherche <u>la rue Pasteur</u>.
– Euh … Attends, je vais demander <u>au policier</u>.
4. – Qu'est-ce qu'il y a? Tu ne viens pas?
– J'attends <u>Léa</u>. Elle parle <u>au prof de maths</u>.

Wenn du Probleme hattest:
→ Schau dir die Repères S. 111/5 genau an.
→ Mache folgende Übungen:
Livre, S. 103/4; S. 109/5; Carnet, S. 63/6; S. 66/4; 67/5.

3 1. Tu as un peu de temps? / Tu as le temps?
2. Ça ne te regarde pas.
3. Qu'est-ce que ça veut dire?

Vergiss nicht die Rubrik Qu'est-ce qu'on dit? regelmäßig zu wiederholen.

4 **a** Paul achète des pains au chocolat et il <u>les</u> mange avec Pauline.
Les correspondants cherchent la boulangerie et ils <u>la</u> trouvent vite.
Mme Gallet cherche le plan de Lyon. Elle <u>le</u> trouve sur la table de Paul.
Paul raconte la légende du Gros Caillou parce qu'il <u>l'</u>aime bien.

→ Alle Informationen über die direkten Objektpronomen findest du in den Repères auf S. 111/4.
→ Trainiere gegebenenfalls mit Hilfe folgender Übungen:
Livre, S. 106/2/3; Carnet, S. 63/6/7; S. 65/4/5.

b Tu <u>me</u> photographies?
Tu <u>m'</u>attends?
Bon, je <u>t'</u>attends, d'accord.
Vous <u>m'</u>écoutez?
Oui, Monsieur, nous <u>vous</u> écoutons!
Pourquoi est-ce que vous <u>nous</u> détestez?
Mais nous <u>vous</u> adorons!

c 1. Ça ne m'intéresse pas.
2. Il ne nous regarde pas.

5 1. Qu'est-ce que vous dites?
2. Vous partez déjà?
3. Nous ne disons pas cela.
4. Quand est-ce qu'ils viennent?
5. Aujourd'hui, je sors à cinq heures.
6. Alors, tu viens?

Hast du mehr als zwei Fehler?
→ Schau dir die Repères, S. 111/3, noch einmal an.

 → Portfolio